Johannes Koren

Persönliche **Lebensfäden**

Gedanken zu Aktuellem und Vergangenem

leykam:

JOHANNES KOREN

Persönliche Lebens fäden

Gedanken zu Aktuellem und Vergangenem

Die Drucklegung des Buches wurde gefördert durch:

Alle Fotos: Johannes Koren
Pastellkreidebilder auf den Seiten 110 und 114: Ishwara Erhard Koren

Die Texte auf den Seiten 55 bis 72 sowie 171 bis 200 stammen aus
dem Buch: Hanns Koren & Johannes Koren: Weiß-grüne Randnotizen
– Streifzüge durch fünfzig Jahre steirische Geschichte, Steirische
Verlagsgesellschaft, Graz 1999.

IMPRESSUM
© 2019 by Leykam Buchverlagsges. m. b. H. Nfg. & Co. KG,
Dreihackengasse 20, 8020 Graz

Umschlaggestaltung: Taska, Graz
Satz: Malanda-Buchdesign, Andrea Malek, 8321 St. Margarethen/R.
Druck & Bindung: Steiermärkische Landesdruckerei, 8020 Graz
Gesamtherstellung: Leykam Buchverlag
ISBN 978-3-7011-8126-1
www.leykamverlag.at

*Inhalts*verzeichnis

Glutnester
im Schwelbrand

Es ist Aschermittwoch 2019. Über 30 Jahre ist es her,
seit in St. Bartholomä, dem liebenswerten Ort ein
Stück westlich von Graz, der Zwiebelhelm der alten
Kirche von einem Blitz getroffen wurde. Brennend
und berstend ist er vor den Augen vieler Menschen zu
Boden gestürzt. Noch lange hielt das Feuer an, ehe es
gelöscht werden konnte. Der weit in die Landschaft
grüßende Turm hatte seine Bekrönung nicht mehr.
Die Erinnerung an diese dramatischen Stunden führt
wieder nach St. Bartholomä. Dort richtet sich die Natur schon her im Aufkeimen auf Ostern hin. Der gepflegte Friedhof mit dem kapellenartigen Grab der El-
tern, ganz oben am Waldrand, und dem großen Kreuz
in der Mitte, gemahnt daran, dass das Grinsen des
Todes bald dem Lächeln des Auferstandenen weichen
wird. Von diesem Platz aus sieht man hinunter auf die
alte Kirche, die schon ein Jahr nach dem Brand durch
den Einsatz aller im Ort und durch öffentliche Hilfe
wieder im alten Glanz erstrahlen konnte.

In ihrem Inneren leuchtet sie farbig – dank der Fenster, die Rudolf Pointner geschaffen hat und die sich als Beispiele steirischer Gegenwartskunst in den alten Kirchenraum fügen, der jetzt als Kulturraum und für Aufbahrungen oder Hochzeiten genutzt wird. Messen wurden in diesem Ambiente erst wieder gelesen, als die neue Kirche auf dem Dorfplatz mit großem Aufwand als das Beispiel für Neugotik restauriert wurde. Alte und neue Kirche zeigen, wie lebendig hier noch Heimatbewusstsein und Zusammengehörigkeitsgefühl sind, trotz oder gerade wegen einer immer mehr den modernen Kommunikationsmedien und deren Strömen ausgesetzten Gesellschaft. Und auch trotz der Nähe zur Landeshauptstadt.

Etwas außerhalb des Ortes, schon zu Stallhofen gehörend, hat sich Hanns Koren seinen „Altensitz" erworben und noch fast 25 Jahre lang genießen können. Er hat 1962 die alte Hemmerkeusche gekauft und langsam zu einem gemütlichen Alterssitz ausgestaltet. Das kleine Haus und der Obstgarten herum wurden zum Anziehungspunkt für viele Künstler, die in der Zeit, als Karl Hans Haysen das Kulturressort der „Kleinen Zeitung" leitete und Alfred Holzinger die Literaturabteilung des ORF, gerne zu Besuch kamen. Zu Gesprächen und Diskussionen bei einem Glas steirischem Wein oder bei einem Schnapserl. Gerhardt Moswitzer kam ebenso wie Alfred Kolleritsch, Gottfried Fabian, Franz Weiß und Wolfgang Bauer. Sohn Erhard war mit „seinen" Schauspielern zugange, zu denen Barbara Petritsch gehörte, auch Bernd Jeschek oder Wolfram Berger. Als Helmuth Lohner 1964 am Grazer Schauspielhaus den Hamlet spielte, macht er einen Abstecher in dieses „grüne Paradies mit starkem kulturellem Einschlag". Nach dem Tod des Hausherrn, der wie seine Frau am Friedhof von St. Bartholomä begraben ist, wurde das Haus von seiner Schwiegertochter liebevoll um- und neugestaltet, mit dem Feeling für die Verbindung von Altem und Neuem. Die Begräbnisse von Hanns Koren und seiner Gattin Ilse, die beide in von Franz Weiß bemalten Särgen nach der Aufbahrung in der alten Kirche auf den Friedhof getragen wurden, gestalteten sich zu Auferstehungsfesten. Ein guter Teil der Bevölkerung von St. Bartholomä nahm daran teil, gemeinsam mit Trauergästen aus ganz Österreich.

Der Turm der alten Kirche, die wie ein Schiff in die Landschaft zu gleiten scheint, hat den Brand gut verkraftet. Der Schwelbrand in der katholischen Kirche, der durch Missbrauch, übertriebene Machtausübung und eine konservative, nach hinten schauende Kir-

Die alte Kirche von St. Bartholomä.

chenpolitik genährt wird, dauert an. Und immer neue Glutnester fangen an, hell aufzubrennen. Ein Heer von Gutgesinnten versucht zu löschen, aber selbstgerechte Zündler halten am Brennen. Immer weniger Geistliche stehen für die kleiner werdende Herde von Gläubigen zur Verfügung, was die seelsorgliche „Grundversorgung" nicht leichter macht. Die Katholiken werden kritischer, und viele von ihnen treten verstört aus. Nach jedem „Anlassfall" mehr. Um die Jahrtausendwende waren das die Causa Groer und die Begebenheiten um den selbstherrlichen Bischof Krenn. Die große Schar der Katholiken, die konsequent in die Kirche gehen und brav die Kirchensteuer bezahlen, stand vor dem Problem, mit ungeklärten Missbrauchsvorwürfen und sturen Rechthabereien fertig zu werden. Und das war, bei der Medienhetze, die diese Fälle auslösten, nicht gerade leicht. Man musste sich mit ernsten Dingen auseinandersetzen, wie der Frage des Zölibats, verpflichtend für Priester, mit der Verweigerung der Sakramente für wiederverheiratete Geschiedene und lächerlichen Kleinigkeiten, zum Beispiel dem Verbot für Mädchen, zu ministrieren. Die Frage des Zölibats ist noch immer nicht ernstlich angegangen worden, bei den wiederverheirateten Geschiedenen sind die Fronten aufgeweicht, und das Prozedere wird von der persönlichen Einstel-

lung der Seelsorger bestimmt. Einzig bei den Minist-
rantinnen sind die Linien klar: Die sind zur Selbstverständlichkeit geworden.

Ein wenig hilfreich war es, als Kardinal Schönborn im
Interview mit einer Zeitung zugestand, dass sich die
Kirche von den Menschen entfernt hätte, ihnen durch
eine weltfremde Liturgie viel von den emotionalen
Erlebniswerten nähme und dass Gerechtigkeitssinn
immer mehr anstelle der Nächstenliebe trete. Das gilt
auch in vielen Fällen von Priestern, die dem Zölibat
nicht treu bleiben wollen oder können und die für ein
Leben in der Familie dem Dienst am Altar den Rücken
kehren. Zu oft werden sie in ihrer neuen Lebenswelt
mit all ihren Problemen alleingelassen, ohne neue
Möglichkeiten eines Berufslebens. Und ein neuer
Schritt von Kardinal Schönborn ist bemerkenswert: Er
hat sich in einem international beachteten Gespräch
mit der Ex-Nonne Doris Wagner (jener Frau, die nach
Rom versetzt von ihrem Vorgesetzten immer wieder
missbraucht wurde) vor laufenden Fernsehkameras
auf die Seite des Opfers begeben. In unglaublicher
Offenheit stellte er das verquere Machtverhältnis
zwischen Priester und Laien infrage, mit dem Zuge-
ständnis, dass sich die Priester als alleinige Besitzer
der Weisheit betrachteten und die Gläubigen als ihre

Untergebenen. Dass diese Verdrehung der Machtverhältnisse vor Nonnen nicht haltmacht und dass sie immer wieder missbräuchlichen Übergriffen durch Beichtväter oder Vorgesetzte ausgesetzt sind, macht die Sache nicht appetitlicher. Dank dem Kardinal für die Offenheit, das Mitfühlen und seine Einsicht.

Ein neues und elementares Glutnest ist erst in diesem Jahr – Diözesen übergreifend – zwischen Kärnten und Niederösterreich zum Brandherd geworden. Bischof Alois Schwarz wurde von den verantwortlichen geistlichen Mitbrüdern in Klagenfurt an den Pranger gestellt. Schwere Vorwürfe des Machtmissbrauchs, verbunden mit finanziellen Malversationen in Millionenhöhe unter der ständigen Anleitung einer engen, zu engen Mitarbeiterin des Bischofs standen im Raum. Die alten und die neuen Medien bemächtigten sich der Sache, Funktionäre der Katholischen Aktion traten auf den Plan, und sogar Rom blieb nichts anderes übrig, als sich der Sache anzunehmen. Zuerst wurde den geistlichen Brüdern in Kärnten verboten, an die Öffentlichkeit zu gehen, dann wurde es durch den Druck von außen – wahrscheinlich durch das persönliche Eingreifen von Papst Franziskus – doch erlaubt, aber da stand das Haus schon in hellen Flammen. Die Löscharbeiten sind immer noch im Gange und können dauern. Der Erzbischof von Salzburg ist mit einer Mannschaft als Feuerwehr im Einsatz, und es ist zu hoffen, dass ein Mann seines Zuschnitts den Augiasstall mit aller Konsequenz ausräumt. Er hat die Vorarbeit geleistet. Hoffentlich wird man in Kärnten nicht zu sehr von Rom aus in die Pflicht genommen, von jenen Kräften in der Kurie, die dem Papst das Leben schwer machen mit ihrer Machtbesessenheit, in der sie lieber vertuschen als aufräumen.

Der nächste Brand hat im Vatikan direkt zu wüten begonnen. Diesmal war es einer der mächtigsten Männer im Kirchenstaat, der Kardinal von Sydney, George Pell. Er galt als die Nummer 3 im Vatikan, vor der nicht nur alle Schweizergardisten aufsalutierten, wenn der Kardinal vorbeikam, sondern auch hinter so mancher Tür dafür gesorgt wurde, dass der Wille des vor allem in Moralfragen sehr konservativen Mannes aus Australien erfüllt wurde. Einer der Hauptleidtragenden ist dabei Papst Franziskus selber, der Pell als Berater schätzte und ihn sogar in die Kardinalskommission zur Lösung wesentlicher Fragen der Kirche berufen hatte. Wie mag es ihn getroffen haben, als der Kardinal von Sydney von einem australischen Gericht wegen des Missbrauchs Minderjähriger verurteilt und in Haft genommen wurde. Wie mögen andererseits hinter verschlossenen Türen die Hände gerieben worden sein, hatte dieser widerliche Fall doch den Papst ins Mark getroffen, jenen Mann in der weißen Soutane, der ohne rote Schuhe und ohne Wohnsitz in den päpstlichen Gemächern vom Anfang seiner Amtszeit vor nunmehr schon sechs Jahren an begonnen hatte, in der Kirche im Großen und im Vatikan im Besonderen aufzuräumen und alles auf den Kopf zu stellen. Die überdeutliche Wortwahl des Papstes, wenn es um die Höchsten und Hohen ging, war immer wieder Stein des Anstoßes und brachte dem ersten Papst aus Südamerika mehr Feinde als Ehre.

Deutlich genug, dass die Kirche auf vielen Ebenen weiterbrennt. Ein rasches Löschen der Flammen wie beim Turm der alten Kirche von St. Bartholomä sowie eine Heilung von der Wurzel her können nicht erwartet werden. Was bleibt, ist Hoffnung. Die können noch so große Skandale, Starrsinn und Machtgier nicht nehmen: die Hoffnung auf Ostern!

Doppelter Uhrturm 2003: die „Mahnwache" von Markus Wilfling.

Das neue Gesicht von Graz

Graz mit der bestens erhaltenen Altstadt, die zu den größten zählt, hat im Jahr 2003 ein neues Gesicht bekommen. Als die Stadt Kulturhauptstadt Europas war. Zeichen, die damals gesetzt wurden und um derentwillen über zwei Millionen Menschen nach Graz pilgerten, existieren noch heute und geben Zeugnis von der Offenheit der Bewohner und der geistigen Kräfte, die hier walten. Die Signale aus dieser Zeit wurden zum Großteil bewahrt und nur wenige von ihnen in den Orkus des schnell Vergänglichen verbannt. Dass das sehr gute und durchaus zukunftsweisende Werke waren, ist schade.

Glücklicherweise sind sie in einem amateurhaft, aber liebevoll gestalteten Fotokalender dokumentiert und so dem Vergessenwerden entrissen. Eine der wesentlichsten Arbeiten, die das Bild von Graz ein Jahr lang dominierten, stand auf dem Schloßberg. Es war der von Markus Wilfling gestaltete doppelte Uhrturm. Der Künstler stellte dem Wahrzeichen der Stadt einen gleich großen Zwilling aus schwarzem Metall zur

Seite. Er sollte als dunkler Bruder des Uhrturms an die finsteren Zeiten der steirischen Landeshauptstadt gemahnen, die noch gar nicht so lange zurücklagen. Grund genug für eine Front der Ablehnung dieses unbequemen, aber umso einprägsameren Werkes. Glücklich ist der Kalendermacher über die Titelseite des Zeitenbewahrers. Neben einem Farbbild der Zwillingstürme auf dem Schloßberg, die sich zwischen Stadtparkbrunnen und „Rostigem Nagel" aneinanderzuschmiegen scheinen, hat Markus Wilfling die einzigen Darstellungen mit der Hand geschaffen. In acht filmkaderartigen Kugelschreiberzeichnungen sind die „Twin Towers" auf dem Berg von allen Seiten in ihrer Trutzigkeit festgehalten. Die kleinen Zeichnungen geben neben den Videodokumenten, die es über die Entstehung gibt, viel von der Atmosphäre um dieses Meisterwerk wieder. Der Text, den Markus Wilfling den Zeichnungen beigefügt hat, lautet an einer Stelle: „Vertreibe dir die Zeit mit einem Augenzwinkern, ein Lächeln kostet nichts, für den Augenblick", und erscheint im Rückblick prophetisch. Es ist, als hätte er vorausgeahnt, wie man nicht gerade sanft mit ihm umgegangen ist, als es darum ging, den Uhrturmszwilling zu entfernen. Er scheint vorausgesehen zu haben, dass seine Arbeit nicht das Schicksal der Kunstwerke auf Zeit teilen werde.

Das Katholikentagskreuz aus 1981 im Stadtpark, das „Lichtschwert" neben der Oper und Serge Spitzers Brunnenkunstwerk, der „Rostige Nagel", existieren nach Jahrzehnten noch immer. Der dunkle Teil der „Mahnwache" auf dem Schloßberg wurde abgerissen und im Einkaufszentrum Seiersberg auf einem Hügel wiedererrichtet. Dort führt es sein Dasein als Werbeträger.

Die weiteren Kunstwerke aus 2003, die sofort wieder verschwinden mussten, waren – trotz heftiger Gegenwehr – der Marienlift Richard Kriesches, mit dem es möglich war, am Eisernen Tor bis in die Höhe der Montecuccoli-Madonna zu fahren und so einen völlig neuen Blickwinkel auf die goldene Statue zu erhalten, und Alexander Kadas „Verspiegelte Stadt" auf dem Freiheitsplatz, die der Schönheit der Innenstadthäuser eine neue Dimension verlieh. Auch die Plastiken auf dem Mariahilfer Platz und die schwungvollen Deckenbemalungen auf dem Hauptbahnhof von Peter Kogler waren bald wieder weg.

Aber es gab auch die Werke, die das Gesicht von Graz veränderten und die über das Anlassjahr hinaus die Menschen aus aller Welt anziehen. Der ungewöhnliche Baukörper des Kunsthauses, von den Architekten Cook und Fournier entworfen, erstaunt noch immer die Architekturwelt. Vom Schloßberg ist er als moderner, aber durchaus harmonischer neuer Bau erkennbar, der sich gut ins Stakkato der Altstadthäuser fügt und sie optisch ein wenig auflöst. In seinem Inneren etwas sperriger Ausstellungsraum für die große moderne Kunst hat der „Friendly Alien" Weltkünstler wie Maria Lassnig oder Ai Weiwei, den großen Aufmüpfigen aus China, beherbergt. In einem Seitentrakt wirkt der international begehrte Fotograf Manfred Willmann an seiner „Camera Austria". Auch er ein kritischer Geist, der zum Beispiel das Ehrenzeichen der Stadt Graz nicht gemeinsam mit dem Volks-Rockbarden Andreas Gabalier besitzen wollte, der als volkstümlich aufmischender Sänger in Lederhose und Trachtenjanker hüpfend die Stadien Europas füllt. Willmann hat es zurückgegeben.

Die Mur, an der das Kunsthaus liegt, 500 Schritte flussaufwärts eine weitere Perle. Acconcis Murinsel pflügt noch immer das Wasser und lockt die geführten und die selbstständigen Touristen mit ihren immer wieder wechselnden gastronomischen Einrichtungen. Der seitliche Aufbau im Freien, der an ein kleines Amphitheater erinnert, ist Anziehungspunkt vor allem für die Kinder. Die ganze Insel ist in ihrer beschwingten Formgebung optisches Highlight aus jeder Richtung und schaut bei jedem Licht anders aus und immer neu. Ob man sie von der Keplerbrücke oder der Hauptbrücke aus ins Visier nimmt.

Ein weiterer „Gesichtsveränderer" ist Klaus Kadas Grazer Stadthalle auf dem Messegelände, dort, wo in der Conrad-von-Hötzendorf-Straße die Messehalle 1 stand. Das schöne Bauwerk, das inzwischen im Styria Media Center ein würdiges Gegenüber bekommen hat, ist in jeder Hinsicht funktionierendes Zentrum für alle Großveranstaltungen vom „Musikantenstadl" bis zum Reitturnier und vom wissenschaftlichen Kongress bis zum Circus. Eine Perle nicht nur in architektonischer Hinsicht. In das Jahr 2003 fielen auch zwei städtebauliche Veränderungen von Bedeutung. Nach langen Jahren der Auseinandersetzungen wurde das Kommodhaus in der Burggasse abgerissen, um einem spannenden Neubau, für den die aus dem Irak stammende Architektin von Weltruf, Zaha Hadid, verantwortlich war, zu weichen. Zur Mur hin zeichnete das größte Kaufhaus der Stadt für eine abenteuerliche Baustelle verantwortlich. Unter dem Einsatz aller technischen Mittel wurde bis unter den Grundwasserspiegel der Mur gegraben, gesichert und betoniert, um die größte Tiefgarage der Stadt zu errichten, als

„rettender Engel" für die gesamte Innenstadt und ihre Wirtschaft. Das war unter der Erde. Auf dem Dach wurden die alten, fächerartigen Baukörper durch eine neue, akzentuiertere Dachlandschaft abgelöst, sehr zum Unwillen der Stadtbewahrer und eingefleischter Bürger. Nicht nur in der Stadt. Auch international, was sogar die Bezeichnung der Grazer Innenstadt als Weltkulturerbe in Gefahr brachte. Das Kastner-Dach ist zu einem gern besuchten Treffpunkt geworden – mit sensationellem Ausblick: auf den Schloßberg vom Westen her und auf die Innenstadt mit Rathaus, Landhaus und Stadtpfarrkirche und natürlich auf das Gewirr der Altstadtdächer mit der hervorstechenden Stiegenkirche auf halber Höhe des Schloßbergs. Diese Kirche mit Kloster war bis 1957 Sitz der Jesuiten, einer Truppe von geistigen Inputgebern der Stadt, deren Vorgänger weit zurück in der Zeit als Gründer der ersten Universität wirkten.

Eine wichtige Veränderung des Gesichtes fand im Norden von Graz statt. Der Verein „Rettet den Grazer Kalvarienberg" vollendete fernab vom offiziellen Graz 2003 die Sanierung des Juwels an der Mur, des größten Kalvarienbergs der Monarchie. Den Rettern dieses Gesamtkunstwerks aus der Zeit des Barock wurde vom Management von Graz 2003 beschieden: „Wir investieren in die Zukunft, nicht in die Vergangenheit." So blieb die einzige Investition des Kulturhauptstadtjahres in eine Bewahrung des Überbrachten der privaten Initiative weniger überlassen. Das begann genau 1475 Tage vor der Einweihung des „neuen" Kalvarienbergs durch Bischof Egon Kapellari am 15. März 2003. In seiner Not im Angesicht des auseinanderbrechenden Berges, der von den Wurzeln großer Bäume und von den Witterungseinflüssen arg in Mitleidenschaft gezogen war, rief der Pfarrer von Kalvaria, Josef Ranftl, ein kleines Team zusammen, das Rettung bringen sollte. Ein Gutachten hatte ergeben, dass es den Berg und die Kunstwerke darauf bald nicht mehr geben würde, wenn keine Generalsanierung erfolge. Architekt Kuno Kopf trat an die Spitze der Mannschaft, der Industrielle Michael Mayer-Rieckh und der Vorsitzende des Vereins „Rettet den Grazer Kalvarienberg", Hofrat Dr. Wilhelm Hofer, sprangen helfend bei. Es galt, über 20 Millionen Schilling, heute etwa 1,5 Millionen Euro, aufzubringen. Das aufwendige Unternehmen wurde gewagt. Eine unglaubliche Lawine der Hilfsbereitschaft begann sich zu entwickeln. Was Pfarrer Ranftl mutig losgetreten hatte, wurde zur Erfolgsgeschichte. Konkretes Anpacken, Spenden und ein intensiver Einsatz der Medien brachten die Lawine ins Rollen. Die Künstler des Landes sprangen helfend

Der gerettete Kalvarienberg.

bei. Das Schicksal fügte es, dass 2001 Egon Kapellari steirischer Bischof wurde, ein Bischof, der am Kalvarienberg als Hilfskaplan begonnen hatte. Mit ihm gemeinsam wurde ein Finanzierungsmodell entwickelt und durchgezogen, das es möglich machte, den Berg im Kulturhauptstadtjahr in neuem Glanz erstrahlen zu lassen. Das barocke Heiligtum, im Norden von Graz weithin sichtbar, war saniert und wurde neuerlich zum Anziehungspunkt für die Grazerinnen und Grazer. Der „Goldene Christus" auf dem Plateau des Berges leuchtete wieder in der Sonne, die Kapellen und Stiegen waren saniert und die barocken Kunstwerke in den Kapellen restauriert. Das Feuerwerk der Mitarbeit und Mitfinanzierung hatte sich gelohnt. Und der Einsatz des Pfarrers, der sich bis zur Selbstaufgabe in den Kampf um den Berg warf und der in seiner Bescheidenheit nach der Vollendung nur sagte: „Unsere Arbeit ist damit nicht zu Ende. Wir wollen ja nicht nur Steine restaurieren." Als Zeichen in die Zukunft wurde an der Nordseite am Fuße des Berges das sieben Meter hohe Kreuz mit dem in den Himmel springenden Erlöser des Künstlers Werner Hofmeister aus Klein St. Paul in Kärnten aufgestellt, ein modernes Kunstwerk, das durchaus der Einstellung der Herren von Graz 2003 entsprechen hätte können.

Die Veränderung im Gesicht von Graz setzt sich fort in der Errichtung eines neuen Stadtteils am bisherigen Rand der Stadt, dem Kommodhaus im Herzen der Stadt, neuen Hochhäusern und guten Bauten der Grazer Schule der Architektur. Das Antlitz wird nicht nur durch die kosmetische Pflege der alten Substanz jung gehalten. Die Garantie dafür ist gegeben.

Leben

Das Zimmer mit dem breiten Fenster zur Morgensonne hin duftet nach Kinderleben. Um dieses Leben musste der kleinere der beiden Buben, die jetzt vor dem Fenster herumtollen, von seinem ersten Atemzug an kämpfen. Zu den beiden führen wichtige Lebensfäden, die zu den Enkeln. Sie verknoten sich in Liebe und sind von Dauer.

Der zu früh Geborene hat den Kampf gewonnen und sich prächtig entwickelt. Nach den Wochen in der Neonatologie des Grazer Landeskrankenhauses und später zu Hause, umhegt von der Familie, war Ferdinand zum kräftigen und klugen Buben herangewachsen. Beliebt bei den Tanten und Freunden im Kindergarten. Daheim im gemütlichen Elternhaus, vor dem er gerade durch die Wiese saust, teilte er ein von Spielzeug und Lernsachen überquellendes Zimmer mit seinem Bruder Leopold, der bald ins Gymnasium kommt. Die beiden verstehen sich, bei aller Konkurrenz, wie sich Brüder verstehen.

Die erste Zeit seines Lebens hatte der Kleine in einem der oberen Stockwerke der Grazer Kinderklinik hinter einer Glasscheibe zugebracht, durch die man nur von einem langen Balkon aus zu ihm hineinschauen durfte und vor der nervöse Großeltern auf und ab gingen: Nur von hier aus durften sie ihn sehen. Dieses kleine Bündel Mensch, fast unkenntlich gemacht durch Schläuche und Verbände. Umhegt und versorgt von den liebevollen Ärzten und Schwestern dieser unglaublich spannenden Station des Spitals, in der wohlige Stille herrschte. Hierher kam täglich Ferdinands Mutter mit dem für ihn wichtigsten Nahrungsmittel. Ohne sie wäre der mutige Einsatz des Kleinen umsonst gewesen, dessen Glück es war, dass er ausgerechnet in Graz zu früh auf die Welt wollte. Ganze 1490 Gramm schwer.

Er wurde sofort von der Geburtenstation ins weltweit führende Zentrum für Neonatologie gebracht, in die Klinische Abteilung für Frühgeborene. So kam er in die Hände von Menschen, die forschen und gleich anwenden. Kompetente Ärzte und Schwestern sorgen sich hier um das Wohl jener Babys, die zu früh geboren wurden. Und es sind immerhin zehn Prozent aller neuen Erdenbürger, die sofort Hilfe brauchen. Die bekommen sie, weil die Grazer Forscher unter der Leitung des Klinikchefs Univ.-Prof. Dr. Berndt Urlesberger erkannt haben, dass eine optimale Versorgung des Gehirns mit Sauerstoff von existenzieller Bedeutung ist. Nicht zu wenig, aber auch nicht zu viel dieses Lebenselixiers müssen die kleinen Patienten erhalten. Darum bemühen sich Teams, die in regelmäßigen Simulationstrainings geübt sind und die ihr Können und Wissen auch hinaustragen in andere Krankenhäuser. Das beglückende Resultat: 97,5 Prozent der Frühgeborenen können überleben und zu gesunden, kräftigen und gescheiten Kindern heranwachsen. Eine Entwicklung, die auch dem kleinen Ferdinand geschenkt wurde.

Das war im feuchten und nebeligen November 2014 gewesen. Jahre nach Großvaters ersten Wanderungen mit dem älteren Bruder im Kinderwagen. Die Lieblingsdestination der beiden war dabei der Grazer Stadtpark. Blumen und Tierwelt im Park wurden erkundet und die vielen Denkmäler, angefangen von der Bronzebüste von Leopolds Urgroßvater, nahe dem Burgstern, und endend vor dem großen Marmorstandbild des Dichters und Staatsmannes Anastasius Grün oberhalb der Passamtswiese. Bald war ihnen diese Welt zu klein, und es folgte der erste größere „Ausflug". Zu Sand und Meer, zu italienischem Eis und Pasta. Abenteuerfahrt eines Kindes.

Leopold war schon von der Anreise hingerissen. Jubelnd kommentierte er die Fahrt, und bereits auf der Pack wollte er wissen, wie weit es noch bis zum Meer sei. Nach den endlosen Tunneln im Kanaltal erstmals Aufenthalt im echten Italien, in einer Autobahnraststation. Ausbeute für die Erwachsenen: Cappuccini und Cornetti. Für den Knaben ein Spielzeug für den Strand. Weiter in glühender Hitze durch ein Land, das immer flacher wurde. Dann weg von der Autobahn. Auf schmale Landstraßen zwischen Industriebauten und Äckern, durch lange, Schatten spendende Alleen. In der Ferne ein diesiger Himmel, der sich mit dem ersehnten Meer vermählte. Blitzartig war der Bub hellwach und begrüßte mit lauten Rufen die wundersame neue Welt. Den Geruch von salzigem und öligem Wasser, die bunten Fischerboote in einem kleinen Hafen, der in den Ort wuchs, die ersten großen Palmen seines Lebens und schließlich die Strandpromenade, an der das Hotel lag, in dem er wohnen würde.

Im Appartement im zweiten Stock ging die Entdeckungsreise weiter. Auf den breiten Balkon mit direktem Blick aufs Meer, in die geräumigen Zimmer und vor allem ins Bad mit einer ganz besonderen Dusche. Dann auspacken, einräumen und schließlich ein abendlicher Spaziergang in die Altstadt mit der gewaltigen Basilika und einer kleinen, ins Meer hinausgebauten Kirche, die von den Urlaubern gerne besucht wurde. Pizza in einem gemütlichen Restaurant und danach völlig überraschend ein strahlendes Feuerwerk, weil irgendein Fußballverein Meister geworden war. Die Feuerwerkskörper explodieren in vielen Farben und mit großem Getöse. Der Krach ist beachtlich und so nahe, dass er dem Kleinen einen gewaltigen Schrecken einjagt. „Mama, Opa, laut, tut weh", ist sein ängstlicher Kommentar, der sich bis ins Hotel die Ohren zuhält. Erst im wohlverdienten Schlaf verstummt er.

Am nächsten Tag, gleich nach dem Aufstehen, „Männerausflug" (Großvater, Vater und Enkel) in die Stadt. Dort erobert der Jüngste in einer Bar auf der Theke sitzend die Herzen der Italiener. Ein besonderer Lohn: Kekse, die Leopoldo – wie er sofort genannt wird – von der mächtigen Dame an der Espressomaschine geschenkt bekommt. Zurück zu einem gemeinsamen Frühstück mit den Damen folgt ein erster Ausflug an den Strand. Auf dem Weg dorthin landet in einer „Grünoase" mit Palmen und mächtigen Oleanderbüschen ein Marienkäfer auf Leopolds Füßchen. Und will unbedingt bleiben.

Ferdinand und Leopold an der Adria.

Durch Alleen aus verschiedenfarbigen Sonnenschirmen, vorbei an meist dunkelhäutigen Männern, die Papierdrachen, Seidentücher und glitzernden Schmuck verkaufen wollen, geht es in eine neue abenteuerliche Welt: ans Wasser. Hier werden Sandburgen gebaut, Muscheln gesucht und Krabben beobachtet. Bei einem langen Marsch am Strand entlang sind gewaltige Tretboote, sogar mit Schaukeln und Rutschen an Bord, zu sehen und werden die Türme der Wasserrettung erklommen. Die Strandwelt hält lange gefangen. Bis zur Abenddämmerung. Erst als die Häuser in der Ferne ihre Lichter aufzusetzen beginnen, geht es zurück ins Hotel. Auf Zehenspitzen erreicht der Knabe den Liftknopf, führt ins richtige Appartement und da gleich auf den Balkon, um den Abendfrieden am nunmehr leeren Stand zu erleben und nur ja nicht schlafen gehen zu müssen. Die Sonnenschirme sind geschlossen und zeichnen gegen den Himmel ein fast militärisches Bild. Die kleine Kirche im Meer wird jetzt von Scheinwerfern angestrahlt. Das Bild geleitet nach einem frugalen Abendessen zur wohlverdienten Ruhe ins Bettchen.

Der nächste Tag bringt eine große Überraschung. Kaum ein Mensch am Strand, weil der Himmel in düsteres Grau gehüllt ist und ein gewaltiger Wind den

Sand vor sich hertreibt. Er peitscht das Meer und erzeugt beachtliche Wellen, die weit auf den Sandstrand vordringen. Nur wenige, besonders wagemutige Kitesurfer segeln durch diesen Aufruhr der Natur und stoßen wie durch ein Wunder nie zusammen. Es ist, als ob die Natur schon vorsorglich den Abschied leichter machen und gleichzeitig zu einer Wiederkehr in diese fröhlich bunte Welt einladen wollte.

Die gibt es auch zu Hause über der Stadt, auf einer Hügelkuppe. Von den Zimmern der beiden Buben sieht man hinunter auf Graz, das oft im Nebel versinkt, wenn es hier auf dem Berg schon helles Sonnenlicht und blauen Himmel gibt. Ein dauerhaftes Geschenk fürs Leben, gebaut aus massiven Ziegeln, bis tief in die Erde abgesichert durch Betonpfeiler. Umsorgt von der Mutter, die um der Buben willen auf eine Karriere als Juristin verzichtet hat, und vom Vater, der als Facharzt für Urologie am Grazer Landeskrankenhaus für den „materiellen Unterbau" sorgt. Sie wachsen heran, hinein in ein hoffentlich friedvolles Leben. Sie tollen durch den Garten, der manchmal von Rehen besucht wird, helfen bei der Arbeit. Oder auch nicht. Immer sind sie die große Liebe.

Römische Träume

Erster Fastensonntag 2019. Schon so bald nach dem Aschermittwoch machen sich im Kopf weiße Engel bemerkbar. Sie sind aus Stein und stehen auf der Ponte Sant' Angelo in Rom, auf dem Weg von der Stadt zum Vatikan. „Rom – man diskutiert nicht darüber, man liebt es." Der Satz des einflussreichen Cantautore Antonello Venditti ist präsent. Man kann es nach zahlreichen Rombesuchen bestätigen. Diese Liebe ist gewachsen in über 60 Jahren, seit der 16-jährige Knabe das erste Mal in der Ewigen Stadt war. Unterkunft bot damals ein Nonnenkloster in der Via Garibaldi 27 im Trastevere, das man zum Teil in eine Jugendherberge umfunktioniert hatte. Betten zwischen weißen Vorhängen, die an Stangen montiert waren, Mindestgarantie für eine gewisse Intimsphäre. Ein kleiner Springbrunnen im Garten mit südlichem Flair. Ein seltsames Déjà-vu vor Kurzem. Der Sohn, bekennender Romliebhaber und -erwanderer, wollte einmal die „bessere" Seite der Stadt kennenlernen und landete in der Via Garibaldi 27. Das Kloster war zum luxuriösen Hotel geworden. Zum „Donna Camilla Savelli", einem Haus, das bis zu einer Dachterrasse mit Blick auf Rom strahlt und glänzt und verwöhnt. Wo einst Nonnen ihre bescheidenen Behausungen hatten, logieren jetzt Gäste aus aller Welt.

Römische Träume führen weiter. Weil Sonntag ist, nicht gleich von den Engeln geleitet hin zum Petersdom, sondern weil es noch sehr früh ist, Marsch den Tiber abwärts bis zur Tiberinsel und dann zum Mercato di Porta Portese im Trastevere. Dort herrscht überschäumendes Leben zwischen unzähligen Ständen, die allerdings zu einem guten Teil mit chinesischem Ramsch und Textilien aus allen Teilen der Welt bestückt sind. Der Eingeweihte weiß aber, dass er sich nur in die seitlichen Gässchen, ein wenig weg vom Mainstream begeben muss, um wirkliche Flohmarktware und manche Antiquität zu finden. Zurück bei den Engeln darf man sich, ihren einladenden Gesten folgend, in den Vatikan begeben. Nach strengen Kontrollen im Petersdom angekommen, muss man sich zwischen unzähligen Touristen einen Altar suchen, an dem die Messe gelesen wird. Zwischen unikalen Kunstwerken von Michelangelos Pietà bis zu den gedrehten Säulen Berninis über dem Petersgrab wird man fündig. Ein alter Priester zelebriert gelassen, und in einem Beichtstuhl sitzt geduldig ein anderer. Der Kuppel über dem Dom wird von innen und außen die Reverenz erwiesen. Faszinierende Blicke in die Kirche, in der die Menschen wie die Ameisen wirken, und von der Kuppel über die Stadt sind Lohn genug. Von der Kuppel sieht man auf der einen Seite in die Vatikanischen Gärten mit dem Bahnhof und jenem Kloster, in dem Papst Benedikt XVI. seit seinem Rücktritt ein Zuhause gefunden hat. Auf der anderen fällt der Blick in den Campo Santo Teutonico, den deutschen Friedhof, mit Schatten spendendem Bewuchs aus einer Mischung von Fichten und Palmen. Ihm gilt nach dem Abstieg der Besuch. Der Österreicher darf an den aufsalutierenden Schweizergardisten vorbei vatikanischen Boden betreten – für den Besuch der Oase des Friedens, heraus aus dem Trubel vor der Peterskirche. Besuch des Grabes des bis heute umstrittenen Grazer Bischofs Alois Hudal, der Rektor der Anima und aufgrund seiner Verbindungen nach 1938 gerne genutzte Hilfe beim Umgang mit den neuen Herren Europas war.

Sofort taucht Papst Pius XII., Eugenio Pacelli, in der Erinnerung auf, dessen Rolle als Oberhirte in der Nazizeit vor allem durch das Stück „Der Stellvertreter" verdreht wird. Er wird als Stummer, der am Holocaust mitgewirkt hat, hingestellt. Das Bild dieses Papstes,

Morgenstimmung auf der Piazza Navona.

der nach 1939 Tausende römische Juden gerettet und ihnen den Weg zur Flucht ermöglicht hatte, wird verzerrt. Ein anderer Aspekt: Hudal war gerne gesehener Helfer, bis er urplötzlich, in der Zeit nach der Schlacht um Stalingrad, fallen gelassen wurde. Er wurde seiner Ämter enthoben, mit Publikationsverbot belegt und in eine alte Villa in Grottaferrata verbannt, in der er bis zu seinem Tod blieb. Der lange kranke Bischof, der von Pius eine Aufklärung über das Vorgehen erbeten hatte, erhielt keine Antwort. Das Einzige, was ihm blieb, war das Grab am Campo Santo, das ihm als ehemaligem Chef der Anima zustand. Pius XII. hingegen geht einer neuen Darstellung entgegen und einer Zurechtrückung des Bildes, das ihm verpasst wurde. Dem wird die Freigabe aller Dokumente über das umstrittene Pontifikat durch Papst Franziskus wesentlich dienen, die zum 80. Jahrestag der Wahl Pacellis zum Papst ausgesprochen wurde. Vielleicht nutzt das auch dem Ruf Alois Hudals.

Auf die Lichtgestalt Eugenio Pacelli folgte der immer demütig wirkende Guiseppe Roncalli als Johannes XXIII. Der als Übergangspapst eingeschätzte Venezianer, der es wahrscheinlich nicht geworden wäre, hätte Pius XII. nicht den späteren Papst Paul VI., Giovanni Montini, als Erzbischof nach Mailand geschickt, ohne ihn zum Kardinal zu ernennen. Johannes XXIII. überraschte durch seinen Einfallsreichtum, vor allem aber durch die Einberufung des Zweiten Vatikanums. Als Symbol für den Aufbruch in der Kirche, den er erreichen wollte. Sein logischer Nachfolger war Paul VI., der das Konzil weiterführte und vieles von dem, was Johannes XXIII. begonnen hatte. Paul VI. wurde inzwischen heiliggesprochen wie auch Johannes Paul II., der nach dem dramatischen Intermezzo mit Papst Johannes Paul I., der nach nur 33 Tagen unter mysteriösen Umständen starb, gewählt worden war. Der Tod von Johannes Paul I. ist weiter ungeklärt, über die Amtszeit seines Nachfolgers, Johannes Paul II., hinaus, der die katholische Kirche 26 Jahre lang prägte und wegen seiner umfangreichen Reisen in alle Welt den Namen „Eiliger Vater" erhielt. Seine Erfolge in der Weltpolitik in Zusammenhang mit dem Zerbrechen der Sowjetunion und dem Aufbruch Europas bleiben ebenso in Erinnerung wie seine zahllosen Heiligsprechungen, die das Ausmaß einer Inflation annahmen. Sein langes Leiden und sein öffentliches Sterben haben die Katholiken in aller Welt – und nicht nur sie – tief bewegt.

Nach ihm kam der Gelehrte aus Bayern, Joseph Ratzinger, als Benedikt XVI. Er kämpfte in seiner wissenschaftlich geprägten Art um Prinzipientreue in der Kirche und um klare Linien im Vatikanstaat. Als er die Last nicht mehr tragen konnte, trat er als erster Papst seit dem 13. Jahrhundert zurück und lebt seither still und verschlossen mitten in den Vatikanischen Gärten in einem Kloster. Mit Mario Bergoglio, dem ersten Papst aus Lateinamerika und aus dem Jesuitenorden, trat der erste Papst mit dem Namen Franziskus an die Spitze der katholischen Kirche. Er entwickelte sich sofort zum Liebling der Massen und kämpft für die Armen in der Welt und gegen Prunk und Herrschsucht in der Kirche. Dabei scheut er auch sehr offene Worte nicht und hat dadurch die Zahl seiner Feinde, vor allem in der Kurie, erheblich erhöht. Und er kämpft gegen viele Missstände in der Kirche, in letzter Zeit vor allem gegen ein falsch verstandenes Machtstreben, auch unter Bischöfen, und mit den nicht aufhörenden Missbrauchsfällen von den USA über Australien bis Europa. Franziskus ist auf einem schweren, aber guten Weg und weiß vor allem die Jugend und die Verfolgten in der Gesellschaft hinter sich.

Der Weg aus dem Campo Santo führt über den Petersplatz, diese schöne Komposition des großen Bernini, durch die Via della Conciliazione wieder zurück zu den Engeln und zur weiteren Eroberung des urbanen Wunders Rom. Zuerst geht es über den Corso Vittorio Emanuele, vorbei an der Kirche Sant' Andrea della Valle, in der ein Akt der Oper „Tosca" spielt, bis zur Piazza Venezia, dem pulsierenden Herzen der Stadt. Von hier erschließt sich alles. Davor etwa auf der halben Strecke noch ein Abstecher auf die Piazza Navona, die noch immer die Form des Stadions hat, das sie zur Kaiserzeit war. Im Zentrum des Platzes der „Vierströmebrunnen" Berninis vor der eindrucksvollen Kulisse der Kirche Sant' Agnese in Agone und des Palazzo Pamphilj. Auch auf der Fassade der Kirche hat Bernini seine Spuren bei der Abänderung der Gestaltung durch Borromini hinterlassen. Im Palazzo Pamphilj ist auch der Ort, dem Bernini den Auftrag für den großen Brunnen verdankt. Um Papst Innozenz X. umzustimmen, den großen Förderer Borrominis, und Bernini den Auftrag zuzuschanzen, hatte die Schwägerin des Papstes, die berüchtigte und vielgehasste Madame Olimpia, die im Vatikan ein und aus ging und nicht ohne Einfluss war, ein Modell des Brunnens aus Silber aufgestellt. Als der Papst bei ihr auf Besuch war, sah er die Arbeit und sagte nur noch: „Wer Bernini gesehen hat, muss ihm den Auftrag geben." Bernini schuf auch jene Porträtbüste von Innozenz, die gemeinsam mit dem Ölgemälde des Papstes vom großen Spanier Velázquez in einem kapellenartigen kleinen Raum in der Galleria Doria Pamphilj zu sehen ist. Diese Galerie ist einer der intensivsten Orte der Kunst, mit bis an die Decke platzierten Bildern aller bedeutenden Künstler von Dürer über Caravaggio bis Michelangelo und Bruegel.

Von der Piazza Navona flaniert man weiter durch enge Gassen zur Piazza Rotonda, vorbei an der Kirche San Luigi dei Francesi, in der in einer Seitenkapelle drei der wichtigsten Bilder von Caravaggio, nämlich „Die Berufung des Heiligen Matthäus", das „Martyrium des Heiligen Matthäus" und die „Niederschrift des Evangeliums mit Engel" hängen. Die Piazza Rotonda vor dem Pantheon, mit einem Brunnen mit Obelisken im Zentrum, ist trotz allen Wirbels, der hier zu jeder Tageszeit herrscht, einer der intimsten Plätze der Stadt. Hier lässt es sich bei einem Glas Wein oder einem Eis gut parlieren oder essen. Am Pantheon, das alle Dimensionen des Vorstellbaren sprengt, vorbei kommt man auf den Platz mit der einzigen gotischen Kirche Roms, Santa Maria sopra Minerva. Sie war durch lange Zeit Dominikanerkirche und Ort wichtiger Ereignisse. So fanden hier zwei Papstwahlen statt und immer wieder Inquisitionsprozesse, zum Beispiel gegen Galileo Galilei und Giordano Bruno. Die Kirche hat eine blaue, sternenübersäte Decke und ist reich an

Arbeiten von Filippino Lippi. Unter den Stiegen vor dem Hauptaltar steht eine ungewöhnliche Darstellung Christi von Michelangelo.

Zurück auf der Piazza Venezia erfüllt sich ein neuer Traum. In der schönen modernen Galerie im Inneren des Vittorio-Emanuele-Denkmals die jährliche Ausstellung moderner Kunst. Diesmal ist es René Magritte, dem die Aufmerksamkeit gilt. Durch eine Hintertür der Galerie tritt man unvermittelt hoch oben auf die Terrassen und Stufen des Denkmals, das die Römer liebevoll „Schreibmaschine" nennen. Von hier sieht man aus einer interessanten Perspektive die lange Via del Corso hinauf bis zur Piazza del Popolo. Hinter dem Denkmal, über steile Stufen erreichbar, öffnet sich der von Michelangelo gestaltete Platz vor dem Rathaus der Römer, dem Kapitolspalast. Diensthabende Polizisten und Touristen stehen um eine Säule, auf der Romulus und Remus von der Wölfin gesäugt werden. Hinter dem Kapitol erstreckt sich das Forum Romanum mit den zahlreichen Zeugen der ruhmreichen Vergangenheit der Stadt. Am Forum vorbei, die breite Straße bei den Kaiserforen entlang, kommt man zum Kolosseum, jenem mächtigen Ort, an dem viele Christen ihr Leben lassen mussten und das zu einer späteren Zeit den Römern als Steinbruch diente. Zu Ostern tritt es heute in den Blickpunkt der Welt, wenn der Papst am Karfreitag den Kreuzweg geht und von zahlreichen Gläubigen begleitet wird.

Weg von der gewaltigen Impression Kolosseum, durch einen kleinen Park und über Stufen hinauf zu einem Gebäude der römischen Universität und zwischen diskutierenden Studenten weiter, bis sich ein Platz öffnet, von dem man zum Kapitol hinübersieht und auf dem sich die Kirche San Pietro in Vincoli befindet. Im Inneren des Gotteshauses steht der Besucher berührt vor den Ketten, mit denen der hl. Petrus vor seiner Hinrichtung gefesselt war, und staunend vor dem Moses von Michelangelo. Er versteht, dass der Künstler der Statue in einem Wutanfall mit einem Hammer eine Verletzung auf dem Knie zugefügt haben soll – mit dem Schrei: „So rede doch endlich mit mir!" Mit diesem Eindruck weiter durch enge Gassen, hinauf zur Kirche Santa Maria Maggiore, die hier nach einem Schneewunder errichtet worden ist. Nach einer Legende soll im August des Jahres 352 dem römischen Patrizier Johannes und seiner Frau die Gottesmutter erschienen sein. Er versprach, eine Kirche zu erbauen, wo der erste Schnee fiele. Als es im August auf dem Esquilin schneite, löste er das Versprechen ein und errichtete den Vorgängerbau der heutigen Basi-

Villa Hadriana: das „Ägyptische Tal".

lika. Dort erinnert man sich nach wie vor an die Entstehungsgeschichte und lässt am 5. August von der Decke Tonnen von weißen, duftenden Blüten auf die Gläubigen niederschneien. Mitten in der glänzenden Ausstattung der Kirche ein Ort des totalen Understatements: Auf einer der Stufen, die zum Hauptaltar führen, ist eine kleine Marmorplatte eingelassen. Auf ihr steht nur der Name eines der Größten, die Rom jemals hervorgebracht hat. Es ist der Berninis.

Auf dem Weg zur Basilika Santa Maria Maggiore steht man mitten im Gassengewirr, nahezu eingeklemmt zwischen den Häusern vor der Basilika Santa Prassede, in der man in die Welt hoher byzantinischer Mosaikkunst eingeladen wird. Unter den farbenprächtigen Mosaiken steht in einer Ecke die Geißelungssäule Jesu. Von Santa Prassede nicht weit entfernt, biegt nach links die Via Olmata ab, in der im Gebäude mit der Nummer 9, gegenüber der römischen Finanzpolizei, die Grauen Schwestern ihr gastliches Domizil haben – mit angeschlossenem Spital und der Besonderheit, dass sie – am höchsten der sieben Hügel Roms beheimatet – auf ihrer großen Dachterrasse den höchsten Punkt der Stadt reklamieren dürfen. Von da aus sieht man in alle Richtungen über die Stadt, auf der einen Seite zur Lateranbasilika und zur anderen nach St. Peter. Dazwischen, etwas verschwommen, der Aventin, einer der sieben Hügel und mitten im Grünen gelegen. So etwas wie Heimat und Zufluchtsort vor dem vom Verkehr tosenden Rom. Ein wohnlicher Platz, das bescheidene, aber saubere Hotel „Major Aventinus", in dem nicht zuletzt wegen der wohlfeilen Preise immer viel Jugend logiert. Es ist eine alte Riesenvilla, von der Straße zurückgesetzt, mitten in einem parkartigen Garten, in dem man Orangen von den Bäumen pflücken und riesige Palmen bestaunen kann. Hier ist es auch gut zu jausnen, vorausgesetzt, man hat sich das Nötige besorgt. Hotelbar oder Restaurant gibt es nämlich nicht. Vom Hotel um die Ecke den Weg hinunter in Richtung Cestius-Pyramide findet man direkt an der Straße eine der besten Café-Konditoreien Roms, in der schon in aller Herrgottsfrüh die Römer ihren Espresso genießen oder den Cappuccino mit einem noch warmen Cornetto.

Auf der Anhöhe des Aventin steht Santa Sabina, die Basilika Minor, mit einem stimmigen Kirchenraum, zu dem die Holzdecke genauso passt wie das Apsismosaik „Christus auf dem Paradiesberg." Ein besonderer Schatz ist die geschnitzte Holztür vor dem Eingang, die aus dem Jahr 432 stammend eine der ältesten Darstellungen der Kreuzigung Christi zeigt.

Der Künstler umging das Verbot der Darstellung dieser Szene, indem er Jesus in der Haltung des Gekreuzigten mit Nägeln in beiden Händen, aber ohne Kreuz darstellt. Gegenüber der Basilika ein faszinierender Terrassengarten mit vielen Orangenbäumen, der einen der spannendsten Blicke auf Rom schenkt. Direkt im Visier der Gianicolo mit der hoch aufragenden Reiterstatue des Garibaldi, jener Hügel, über den es sich vom Trastevere in den Vatikan wandern lässt. Von der Terrasse aus kann man mit einiger Phantasie den Rosengarten Roms riechen, der am Abhang des Aventin zum Circus Maximus hin errichtet wurde. Über 1100 Rosenarten sind hier ab April zu bewundern, in einem Umfeld, das zum Verweilen und zum Wandern einlädt. Zwischen den Rosenhecken und -stöcken die rot leuchtende Steinlandschaft des Circus Maximus und der zwischen Rosenarrangements aufragende Turm von Santa Maria in Cosmedin mit dem berühmtesten Kanaldeckel Roms in einem Vorraum, der Bocca della Verità.

Erholt und aufgebaut durch die duftende, farbenfrohe Welt der Rosen zurück auf die höchste Erhebung des Aventin. Gegenüber des stets von Carabinieri bewachten Sitzes der Malteser das interessanteste Schlüsselloch der Welt. In einem mächtigen Holz-

Auf dem Aventin: die Terrazza neben der Basilika Santa Sabina.

tor angebracht, zieht es Tausende an, die den Blick auf den Petersdom genießen wollen, der sich unter einer Weinhecke duckt. Der Berg eröffnet auch die Möglichkeit zu einer kurzen Wanderung den Tiber entlang zur Tiberinsel, auf der die Bene Fratelli ihr großes Spital betreiben und ihre Apotheke. Besondere Gnade des Augenblicks: Der Apotheker Fra Pietro ermöglicht den Zutritt zur Klausur, zu seiner Zelle, von der man eine besondere Perspektive der Insel mit dem sie umtosenden Fluss erlebt und eine ganz andere, neue Sicht auf die Dachlandschaft des Trastevere. Vom Speisesaal der Bene Fratelli ist man der Synagoge Roms auf Augenhöhe so nahe, wie es sonst kaum möglich ist. Nur der Blick auf den geliebten Aventin ist durch die Platanen am Tiberufer verdeckt, die sich so weit zum Fluss neigen, dass ihre Zweige tiefer an der Mauer herunterhängen, als ihre Wurzeln wuchern.

Zwei Träume, die sich am besten am frühen Morgen erfüllen lassen. Wegen des tagsüber ständigen Riesenandrangs schon am Morgen der Weg zu den Vatikanischen Museen. Unter den Ersten, die eingelassen werden, schnell durch das ganze Museum geeilt, in die Sixtinische Kapelle. Dort in Ruhe und vor allem Stille die Meisterwerke des Michelangelo erlebt. Zurück

über die Stanzen des Raffael und wertvolle Samm-
lungen der Päpste in den Trubel der inzwischen ein-
getroffenen Touristenscharen. Der zweite Traum ist
der morgendliche Campo de' Fiori, der Blumen- und
Produzentenmarkt Roms, wo sich die Hausfrauen um
das reichliche Angebot an Blumen, Kräutern, Gewür-
zen, Fisch, aber auch Fleisch drängen. In der Mitte
des Platzes, auf dem leider auch der Ramsch Einzug
gehalten hat, hoch erhoben über den Köpfen die Statue des Giordano Bruno, der wegen seiner Ansichten
im Jahr 1600 an dieser Stelle auf dem Scheiterhaufen
verbrannt worden ist. Bis heute hat es in der Kirche
niemand der Mühe wert gefunden, ein Wort der Ent-
schuldigung diesem mutigen Denker gegenüber aus-
zusprechen.

Der letzte römische Traum führt ins Umland der
Metropole Italiens. Die Villa Hadriana und die Villa d'
Este bieten ein Kontrastprogramm besonderer Güte.
In der Ebene das riesige Areal der Villa Hadriana, die
Kaiser Hadrian, der Herrscher mit dem „bescheide-
nen" Grabdenkmal, der Engelsburg, errichten ließ.
Zwischen nur mehr zum Teil erhaltenen Baukörpern
die Nachbildung eines Tales in Ägypten von unika-
ler Schönheit. Hadrian ließ alles naturgetreu nach-
bilden, um seinem Geliebten ein Denkmal der Dank-

barkeit zu widmen. Der junge Mann hatte sich im Nil ertränkt, als der Kaiser geträumt hatte, dass er ewig leben würde, wenn sich ein geliebter Mensch für ihn opferte. Die Villa d' Este im Ort, hoch über der Ebene, ist Gartenkunst pur. Sie ist die schönste Kombination aus phantasievollen Brunnen und Teichanlagen und altgestandenen Bäumen. Gedankenflüge zwischen dem grünen Hügel Aventin und der wundersamen Anlage in Tivoli, von der aus man unter einem mächtigen Torbogen bis nach Rom schauen kann. Zurück zu den Engeln, die ihre steinerne Wache auf der Brücke halten.

Ein „letztes Leuchten" im herbstlichen Stadtpark.

Der „Steirische Herbst"

Der „Steirische Herbst" soll eine repräsentative Zusammenfassung der künstlerischen und wissenschaftlichen Kräfte des Landes Steiermark in einer
zusammenhängenden Veranstaltungsreihe in den
Monaten September und Oktober jeden Jahres sein.
Sinn und Zweck des „Steirischen Herbstes" ist die
Rechenschaft über die besten im Lande möglichen
Leistungen, die aus ihm selbst hervorgebracht werden können und die im gleichen Rahmen den künstlerischen Darbietungen und wissenschaftlichen Veranstaltungen aus anderen Nationen als Ergänzung und
im Wettstreit gegenübergestellt werden sollen. Die
internationale Komponente erwächst aus der organischen Nachbarschaft und Überlieferung, für welche
der Name des alten Innerösterreich das Zeichen ist.
Kontakte über Slowenien nach Jugoslawien und über
Friaul nach Italien haben sich bewährt und werden
im „Steirischen Herbst" besonders gepflegt. TRIGON,
die Steirische Akademie, die Internationalen Malerwochen im Retzhof, die bisher schon als Veranstaltungen der Steiermärkischen Landesregierung im

Herbst aufeinanderfolgten, werden koordiniert mit den Darbietungen der Vereinigten Bühnen und den Beiträgen des Österreichischen Rundfunks, Studio Steiermark. Wir haben die Einladung ausgesprochen und freuen uns, im kommenden Jahr auch den eigenen Beitrag des Kulturamtes der Stadtgemeinde Graz verzeichnen zu können.

Dazu traten und treten Veranstaltungen freier Institutionen, die sich zur Idee und Verwirklichung des „Steirischen Herbstes" bekennen, ich nenne den Musikverein für Steiermark, das Forum Stadtpark, das Kulturamt der Stadt Köflach, das symbolhaft die Anteilnahme und Mitverantwortung im „Steirischen Herbst" nicht nur von der Landeshauptstadt, sondern auch von anderen Zentren des Landes aus bezeugt. Durch die Mitwirkung der Akademie für Musik und darstellende Kunst, die von Anfang an in dankenswerter Weise entscheidend an der Entwicklung des Grundgedankens mitgearbeitet hat, ist die Einladung an die wissenschaftlichen Hochschulen des Landes erweitert. Hier verweise ich dankbar auf die mehrfache Forderung, die im Steiermärkischen Landtag in den letzten Jahren anlässlich der Budgetdebatten immer wieder erhoben worden ist und die Konkretisierung des „Steirischen Herbstes" im dargelegten

Sinn zum Ziel hatte. Entscheidend ist auch die Wohlmeinung des Bundesministers für Unterricht, der seine schon vor Jahresfrist abgegebene Erklärung, den „Steirischen Herbst" schon aus Gründen der Entlastung des Österreichischen Festspielsommers fördern zu wollen, in einem neuerlichen Schreiben an den Herrn Landeshauptmann der Steiermark bestätigt hat. Von besonderer Bedeutung sind die initiative Anteilnahme und die Mitwirkung des Intendanten des Studios Steiermark des Österreichischen Rundfunks, der mit in seinem Budget vorgesehenen Mitteln die internationale Musikwoche als integrierenden Teil des „Steirischen Herbstes" eingebracht und damit die Verwirklichung in dem gewiss noch nicht in allem ideal erreichten Rahmen in diesem Jahr herbeizuführen geholfen hat.

Die Voraussetzung aber aller dieser Initiativen und ihre Zusammenführung verdanken wir dem Mann, der nicht nur von Anfang an den Plan gutgeheißen und unbekümmert um mehr oder weniger gutgemeinte Ratschläge gefördert und sich zu ihm bekannt hat, sondern der eben in 20 Jahren bewährter, höchster Verantwortung für das Land auch den Platz freigemacht hat, an dem eine Institution wie der „Steirische Herbst" seinen Sinn erhält und erhalten kann: Josef Krainer. Der

„Steirische Herbst" ist nicht ein krampfhafter Versuch, etwas unbedingt Neues oder Neuartiges in die Welt zu setzen, er ist keine Erfindung, wohl aber etwas, das gefunden wurde, das schon in seiner Anlage und Möglichkeit da war, aber im Zusammenspiel mancher Kräfte und Einfälle in unseren Jahren und Tagen sichtbar geworden ist. Das gilt für die Wahl der Zeit, die Wochen des Spätsommers und Frühherbstes, mit der für dieses Land sprichwörtlich und unverwechselbaren jahreszeitlichen Verwandlung der Landschaft als Umgebung geistiger und musischer Erlebnisse, also für den, wie es die Erfahrung lehrt, wetterbeständigen steirischen Herbst, wie ihn Ernst Goll und Julius Franz Schütz, Rudolf Hans Bartsch und Hans Kloepfer gesehen und zur Gestalt erhoben haben. Den künstlerischen Darbietungen und wissenschaftlichen Veranstaltungen in diesen Wochen, an die hohe Maßstäbe angelegt werden müssen und deren Rang durch die Namen der Beitragenden ausgewiesen ist, einer solchen Veranstaltungsreihe, in den schönsten und bedeutungsvollsten Sälen dieser Stadt und dieses Landes dargeboten, wird von innen heraus der Charakter des Festlichen zuteil. Sind es also sozusagen Grazer Festwochen, die anderen ähnlichen Veranstaltungen vom Bodensee bis Mörbisch an die Seite gestellt werden sollen? Im Äußeren mag es manche Ähnlichkeit geben, im Grande aber glauben wir nicht nur etwas Neues, sondern in seinem Wesen und darum auch in seiner Ausreifung zur eigenen Gestalt etwas völlig anderes zu wollen. Was ist das Besondere in diesen Wochen, das Neue, nicht vielleicht alle Welträtsel Lösende und alles Bestehende auf den Kopf Stellende, aber doch das Besondere, das Eigene und, wie wir glauben, das Notwendige, das in dieser Stadt und in diesem mit drei wissenschaftlichen Hochschulen und einer Kunstakademie sollte wohl auch aufgerufen sein, Zeugnis seiner geistigen Vitalität abzulegen und zu den Fragen der Zeit und der Welt aus den Erfahrungen und den Problemen des Landes heraus Stellung zu nehmen. Dass wir uns immer wieder bemüht haben, mit der Akademie künstlerische Darbietungen zu verbinden, hatte nie den Zweck der sogenannten musikalischen Umrahmung, und dass wir die bildende Kunst in Ausstellungen und Diskussionsreihen eingebaut haben, sollte vor allem ein Bekenntnis dafür sein, dass die Kunst, nicht nur weil sie „eine den wissenschaftlichen Erkenntnissen ebenbürtige Emanation des Geistes" ist, ein wissenschaftliches Programm sinnvoll zu begleiten vermag, sondern dass sie vor allem als eine das Gesellschaftliche schlechthin mittragende und prägende geistige Kraft zu erkennen ist. Der Künstler ist nicht mehr der im Personalstand der Domestiken geführte

Artist der Herren und Prälaten, für deren Herrlichkeit und Repräsentanz er seine Werke zu schaffen hat, er ist nicht mehr der Dekorateur einer bürgerlichen Welt, deren sentimentale Gefühle, deren heroische Erbauungen und deren sinnliche Empfindungen er zu illustrieren hat, sondern er ist heute der Mitwissende, der Mitleidende und der Mitschuldige geworden an dieser Zeit, an ihren Zuständen, und seine Werke sind die Urkunden, mit denen er diese Zugehörigkeit ausweist und mit denen er sich auch verpflichtet, einen neuen Weg in eine neue Welt zu suchen.

Eine Integration musischen und wissenschaftlichen Bemühens und Lebens ist das Neue und ist das andere, zu dem sich unser „Steirischer Herbst" stufenweise entwickelt hat und intensiver entwickeln wird. Und da es zunächst und zuerst die Kräfte des Landes und der Stadt sind, die von den Bühnen, von den Lehrsälen, aus den Ateliers, aus den Probelokalen, aus den Studios und Laboratorien aufgerufen sind, zu zeigen, was das Land zu leisten vermag, zu zeigen aber auch, aus welchen natürlichen, aus welchen geschichtlichen, aus welchen menschlichen Bereichen die Kräfte kommen für dieses Land, in der Zeit und in der Welt zu bestehen, darum wird der „Steirische Herbst", um ein Modewort zu gebrauchen, auch ein in

Fleiß und Hingabe erarbeitetes und zugleich feierlich proklamiertes Selbstverständnis des Landes sein. Das Land zeigt seine besten Leistungen im Sinne der Repräsentation.

Wenn wir aber wie immer und in diesem Jahr und in den künftigen Jahren Künstler und Gelehrte aus anderen Ländern und auch aus anderen geistigen Landschaften einladen und an das Noten- oder Vortragspult bitten, so soll das ein Zeugnis unserer Gesinnung sein, wie weit und wie frei und wie offen in die Welt und in die Zeit hinein unser Interesse reicht.

Das also ist ein Charakteristikum des „Steirischen Herbstes": Es wird gespielt auf den Bühnen und im Konzertsaal, aber es wird nicht nur gespielt. Und das zweite entscheidende Merkmal: Die Stadt selbst mit ihrer Atmosphäre, mit dem Reiz der Eigenart ihrer Bauten und Plätze wird eine vom frühen Herbst durchleuchtete große Bühne sein. Wie Salzburg eine unvergleichliche Bühne ist, wie sich das Ufer des Bodensees als wandlungsfähiger Prospekt bewährt, so wird auch diese Stadt Kulisse bieten, aber sie selbst wird keine Kulisse sein, vor der fremde Gäste dirigieren und die Steirer selbst nur als Billeteure und Bühnenarbeiter tätig sind. Die Kinder des Landes sitzen im Parkett, für sie wird gespielt, und sie spielen mit. Denn diese Stadt, was ihr Historisches anlangt, ihre Schönheit und ihre zurückhaltende Eigenart ist keine Kulisse, sondern ein Testament. Sie haben, bevor Sie diesen Raum betraten, im Vorraum den eindrucksvollen Kopf des Steirischen Prinzen gesehen, dessen Züge Ihnen vom Monument auf dem Grazer Hauptplatz bekannt sind. Auch dieses Bild hier im Rittersaal über dem weiß-grünen Blumenteppich ist keine Dekoration, sondern ein Symbol. Wir wissen, wie abgebraucht sein Name oft ist, wir wissen, in welcher Vorstellungswelt gutmütig, geringschätzig und gedankenlos seine Erinnerung oft angesiedelt ist, und doch ist er, der uns als kostbarstes Erbe seinen grauen Rock als Zeichen der inneren Verbundenheit aller Menschen dieses Landes hinterlassen hat, er, der seinem Haus und seinem Land die Blume Männertreu und das Kreuz des Brandhofers hinterlassen hat, das Urbild der mit den Problemen ihrer Zeit bis in die letzten Einzelheiten hinein vertrauten und zur Lösung dieser Probleme aus innerstem Gewissen heraus verpflichteten sittlichen Persönlichkeit. Das sind keine zeitbedingten Eigenschaften, das ist kein Charakter, der seine Gültigkeit verlieren kann, und er, der dieses Land gelehrt hat, worüber es verfügen kann, über die Schätze der Erde, über die Möglichkeiten eines erneuerten Landbaues, über die Kräfte, die in der Geschichte und in den Traditionen dieses Landes liegen, über den Fleiß und die Tüchtigkeit und die Fähigkeit der Menschen dieses Landes; der aus der Kenntnis dieser Dinge heraus in der Gründung seiner Institutionen, vom Joanneum bis zur Landwirtschaftsgesellschaft, in der Förderung der Industrie und der Bildung alles getan hat, was in seiner Zeit zu tun gewesen ist, und im ganzen Land die Grundlagen gelegt hat: der Industrialisierung, der Demokratisierung und Intensivierung des geistigen Lebens, jene Grundlagen, die tragfähig und festgefügt aus dem 19. Jahrhundert herüberragen und unseren Generationen den Boden für unsere Pflichterfüllung und den Weiterbau, der von uns erwartet wird, möglich machen. So ist das Bild des Steirischen Prinzen, wo immer wir es finden im Land, kein Schmuckstück und keine Wanddekoration, sondern ein zeitlos gültiges Symbol, und so ist auch das Joanneum nicht nur der Sammelbegriff der Abteilungen des Landesmuseums, sondern die steirische Formulierung der Bildungsaufgabe, die diesem Land übertragen ist, so wie jedem einzelnen der Bundesländer Österreichs die ihm zugewachsene, die ihm zukommende, die ihm mögliche Bildungsaufgabe in der Erfüllung des Eigensinnes und der Eigenart des Landes zugewiesen ist. Die Aufgliederung und die Organisation unserer Republik in neun Bundesländer kann doch nicht nur ihre Berechtigung in einer historischen Reminiszenz haben, so wie es ja auch nicht nur eine historische Reminiszenz war, als im November 1918 der provisorische Staatskanzler Dr. Karl Renner die übrig gebliebenen deutschen Kronländer der zusammenbrechenden Monarchie, damals allerdings noch unter Einbezug des Sudetenlandes, aufgefordert hat, einem neu zu gründenden Staate Deutsch-Österreich beizutreten. Es waren eben nicht nur Verwaltungsprovinzen, sondern lebendige Länderorganismen, die den organisatorischen Zusammenbruch des Großstaates aus ihrer Vitalität heraus überlebt haben und als übrig gebliebene Ordnungsmächte zur Neugründung eines Staates befähigt sind. Bloßer historischer Reminiszenzen allein wegen die Republik als Bundesstaat aufrechtzuerhalten, wäre eine zu kostspielige Angelegenheit. Es gibt Bundesländer, deren Einwohnerzahl nicht die Einwohnerzahl der Landeshauptstadt Graz erreicht, die aber dennoch in ihrer Hauptstadt einen Stadtsenat und an der Spitze ihres Landes eine Landesregierung haben. Jeder weiß, wie unrealistisch hier eine „Bereinigung" wäre, die Schaffung größerer Verwaltungseinheiten, die über heutige Landesgrenzen hinausreichen. Unrealistisch nicht nur, weil sie am Widerstand der Bevölkerung scheitern würden, sondern unrealistisch auch, weil sie nicht darauf Bedacht nehmen, wie eindeutig und unerlässlich die spezielle Aufgabe ist, die jedes einzelne Bundesland aus seiner Lage, aus seiner Geschichte und aus der Eigenart des Volksschlages, der in diesem Land wohnt, zu erfüllen hat, und die damit auch die eigene Verwaltung und die eigene Repräsentanz des Landes rechtfertigt. Und wenn ich von den Kontakten spreche, zu denen die Alemannen in Vorarlberg nach dem Westen hin im besonderen Maße befähigt und daher verpflichtet sind, von der großen Aufgabe und Chance Tirols, mit seiner Stammburg südlich des Brenners, wenn auch in ferner Zukunft, eine Klammer der europäischen Einigung zu werden, und wenn erinnert wird an die besonders genützte Möglichkeit des bajuwarischen Elementes im salzburgischen Land und in der Stadt selbst, über die nördlichen Nachbarländer hinaus in die weite Welt zu wirken, so ist immer nur an eine, wenn auch nicht unwichtige Potenz der einzelnen Länder gedacht, die in der Stadt an der Donau, in der die Insignien des Reiches nicht nur als Museumsstücke aufbewahrt werden, ihre Zusammenfassung, ihre Erhöhung und ihre Dimension in die Weite der Welt gewinnen. Es ist ein Koordinatensystem der österreichischen Aufgabe, in dieser Welt in seiner Eigenart sich zu entfalten, und die innere Kraft, aus der das Land lebt, einzusetzen, um die Menschen zusammenzuführen: die Menschen und die Völker. Und es ist eine ganz bestimmte und konkrete Aufgabe, die unserem Land Steiermark und seiner Landeshauptstadt in diesem Koordinatensystem zufällt. Das Bild des Steirischen Prinzen ist keine Dekoration, sondern ein Symbol. Die Stadt ist keine Kulisse, sondern, was ihr Historisches anlangt, ihre Schönheit und den Reiz ihrer Eigenart, ein Testament. Ein Testament in einem zweifachen Verstand, Testament im Sinne der Verlassenschaft und des Erbes, aber auch im Sinne eines Zeugnisses und eines Gelöbnisses. Das Bild dieser Stadt ist geprägt nach dem Wunderwerk dieses Landhauses, der stillen, kraftvollen Schönheit der alten Burg, dem reizvollen Kontrast des gotischen Domes neben dem südländischen Charakter des Mausoleums, von den vielen Häusern und Palästen, die der Adel und das Bürgertum hier in diesem Land, hier in dieser Stadt zu ernsten Aufgaben versammelt, als Heimstätten und Repräsentationsräume erbaut haben. Pläne dazu haben immer wieder gerne die Italiener geliefert aus dem Venezianischen, aus dem Friaulischen, und unter den Mauren waren neben den Kindern des Landes die Slowenen aus der Untersteiermark und Krain beschäftigt, so wie in den Mannschaftsbüchern der sich entfaltenden Industrie des 18. und 19. Jahrhunderts in selbstverständlicher Mischung die deutschen

Namen der Bauernsöhne des Landes und die slowenischen und italienischen zusammengefunden haben. So wie sie ein Zeugnis sind, so ist das Bild dieser Stadt von ihrer Entstehung und Ausgestaltung her ein Spiegel der Aufgabe und des Sinnes der Metropole Innerösterreichs, deren Maße nicht nur für das eigene kleine Land, sondern für die größere, die Länder bis an das Meer umfassende Einheit gedacht waren. Was in dieser Stadt gedacht, geleistet, wofür hier geopfert und geduldet und womit natürlich auch in bescheidenem Maße in dieser Stadt verdient wurde, galt dem größeren Land, das vom Dachstein bis an die Adria reichte, in dem neben den Deutschen in der Steiermark und Kärnten die Slowenen um Krain und die Italiener um Görz und Aquileia unter der Jurisdiktion eines Regenten standen, galt jener Ländereinheit, die unter dem Namen Innerösterreich in die Geschichte eingegangen, als geistige und sittliche Einheit aber nicht untergegangen ist. Zu lange haben sie zusammengewohnt, die Grenzer der großen Völkerschaften, die das Abendland konstituierten, der Romanen, der Germanen und der Slawen, in einer historischen Aufgabe, in einem geistigen Ringen, in einer wirtschaftlichen Gegenseitigkeit unter einer rechtlichen und politischen Verwaltung. In den Jahrhunderten, in denen sich das Konzept der Übergangszeit vom 16. zum 17.

Jahrhundert gewandelt und für den oberflächlichen Blick aufgelöst hat, haben sich immerhin in dieser einmaligen und darum umso mehr verpflichtenden europäischen Situation ungezählte Wege wirtschaftlicher Zusammenarbeit angebahnt, ungezählte Fäden persönlicher Freundschaft und bis heute nachwirkend und immer wieder sich erneuernd der Blutsverwandtschaft angeknüpft, und es ist keine folkloristische Reminiszenz und Traditionspflege, wenn wir den Raum auch heute, und gerade heute wieder als Verantwortungsraum ansprechen, in dem es zwar keine Vorrechte mehr gibt, wohl aber eine Mitverantwortung, die jeder tragen kann und muss, für den die Sehnsucht nach dem Frieden unter den Völkern kein Schlagwort ist, sondern der erste moralische Auftrag, den unsere Generation mit aller Leidenschaft und Kraft aus den Erfahrungen dieses Jahrhunderts zu finden hätte. Und wo anders hätte sie früher damit zu beginnen als dort, wo nur Schutt und Wildwuchs, die Missverständnisse und Irrtümer von Generationen von den Wegen hinwegzuräumen sind.

Was wir mit der Steirischen Akademie versuchen, was wir mit TRIGON wollen und was wir nun in der Zusammenfügung und Zusammenführung des „Steirischen Herbstes" uns vorgenommen haben, ist nichts anderes als die Vollstreckung des Testaments, dessen Sinnbild die Stadt in ihrer Entstehung und Entfaltung bietet. Sie ist keine Kulisse, sondern was in ihr liegt und verborgen ist, gilt es, auch in den Veranstaltungen des „Steirischen Herbstes", in den künstlerischen wie in den wissenschaftlichen, zu valorisieren. Es gilt, das, was in diesem Land geschah und geschieht, was also Geschichte war und Geschichte wird, in das Bewusstsein der Gegenwart zu heben. Geschichte nicht als Sammlung von Anekdoten über bestimmte Persönlichkeiten und Begebnisse, sondern Geschichte als das Gesetzbuch des Lebens in diesem Land.

Und nun noch ein Wort, um alle Missverständnisse zu vermeiden: Die Themenstellungen unserer wissenschaftlichen Veranstaltungen, das künstlerische Programm und die Berücksichtigung der Tendenzen in der darstellenden Kunst sind der Gegenwart verschrieben. Darin allein schon zeigt es sich, dass die Tradition für uns kein Ziel, sondern der Ausgangspunkt ist, dass traditionelle Formen Anregungen, aber nicht zu kopierende Vorbilder sind, dass ein Museum ein Studienraum ist, in dem die dem Lande eigenen Gesetze der Lebensgestaltung erkannt und verkündet werden müssen, dass es aber sinnlos wäre, das ganze Land oder auch nur eine Stadt in den Formen eines

Museums festzuhalten. Die Zeit schreitet weiter, in ihr die Menschen, mit der Pflicht, das Überlieferte zu respektieren, und mit dem Recht, in Freiheit den eigenen Lebensraum einzurichten.

Der „Steirische Herbst" ist charakterisiert durch seine Wurzeln, die in die Tradition hinuntergreifen, in jene Tradition, die nichts anderes ist als das uns Übergebene, das wir nicht fallen lassen dürfen, das uns Anvertraute, das wir nicht zurückweisen können, das uns ans Herz und an das Gewissen Gebundene, dem wir uns nicht entziehen dürfen. Es ist das Land, sein Wesen und sein Gesetz, das wir aus seiner Geschichte abgelesen haben. Und der „Steirische Herbst" ist weiter charakterisiert durch die Aufgeschlossenheit zu Kontakten mit aller Welt und durch die Aufgeschlossenheit dem Geiste und der Sprache dieses Jahrhunderts gegenüber. Von dieser eindeutigen Position aus teilen wir nicht die Befürchtung, als unmodern verschrien zu werden, wenn uns nicht alles gefällt, was uns dargeboten. Auch das geistige Leben wächst organisch, und Sie haben unrecht und erweisen sich wirklich als provinzielle Geister, wenn Sie die Provinz überwinden wollen, indem Sie die Realitäten, auf denen Sie stehen, mit denen Sie fertigzuwerden haben, die Sie in Ihrem Sinn zu erkennen und einzuordnen haben, übersehen und geringschätzen. Es gibt für das geistige Leben keine Beziehungslosigkeit zu dem, was im Land geschieht und geschehen kann und geschehen muss, ebenso wie es keinen Verzicht auf die Tradition gibt. Und darum wird bei aller Aufgeschlossenheit der Zeit und der Welt gegenüber, in der freien Weltschau also, der TRIGON-Gedanke als Kern und Maßstab unserer Bemühungen gelten. Er ist unsere erste Legitimation für das Gespräch mit anderen Sprachen und Nationen, und er schirmt uns vor der Gefahr der völligen Beziehungslosigkeit ab, die alle unsere Unternehmungen nicht nur farblos, sondern auch kraftlos und, gemessen an unseren Mitteln und Möglichkeiten, letzten Endes auch sinnlos machen würde.

Wir begeben uns anschließend an diese Feierstunde in die Räume der Neuen Galerie. Was wir dort sehen werden, die Schöpfungen der III. Internationalen Malerwochen im Schloss Retzhof, zu denen junge Künstler aus Jugoslawien, Italien und Österreich gekommen waren, miteinander im geselligen Umgang und im ernsten Gespräch und jeder für sich in der schöpferischen Einsamkeit seiner Kunst: Die Bilder, ob sie Ihnen gefallen oder nicht, ob Ihnen alle gefallen oder nur wenige, nehmen Sie sie als erste Angabe für den „Steirischen Herbst" 1968.

Wir beginnen ein Fest, wir wissen, wie ernst die Stunde ist, die die Weltenuhr gegenwärtig zeigt, wir wissen auch, wie vieles, was in einem Frühling hoffnungsfroh keimt und zur Sonne dringt, in den Gewittern eines Sommers vernichtet werden kann. Was vermögen wir mit kleinen Kräften im kleinen Bundesland eines kleinen Staates, wenn elementare Mächte entfesselter Leidenschaft in einem Weltensturm aneinandergeraten. Auch in solchen Zeiten sind die Standhaftigkeit des Einzelnen, die Klarheit des Gewissens und die Redlichkeit der Gesinnung notwendig, wenn eine Hoffnung auf eine letzten Endes doch glückliche Wendung bestehen soll. Der „Steirische Herbst" ist ein Gedanke des Friedens, über allem, was er bringen will und was sich in ihm entfaltet an geistigen Kräften der Wissenschaft und der Kunst, steht eine sittliche Idee.

H. K.

Der Grundgedanke des „Steirischen Herbstes" wird in dieser Eröffnungsrede von Hanns Koren im Jahr 1968 so umfassend und klar dargelegt wie nirgendwo anders. Diese Rede nach über 50 Jahren nachzulesen, lohnt noch immer. Sie zeigt auf, was gedacht war, und sie lässt ablesen, was sich seither entwickelt hat.

Wilde **Jahre**

Es waren wilde Jahre in Graz, die sich um das Jahr 1968 abspielten. Sie hatten aber nichts mit den überall aufflammenden Studentendemonstrationen zu tun, die das Ausmaß einer Revolution annahmen. In der Studentenstadt Graz ging es zwar ruhiger her, weil durch eine aufgeschlossene Kulturpolitik auf Landesebene schon vieles erreicht war, worum man anderswo erst kämpfen musste. Die Avantgarde hatte hier schon Fuß gefasst. Die Wildheit in Graz spielte sich auf einer anderen Ebene ab, die viel mit der Bewältigung der Ereignisse als Stadt der Volkserhebung zu tun hatte und mit dem Aufbegehren von Resten der Gesinnung von damals. Und vom Aufbegehren erzkonservativer Kreise gegen den Aufbruch in eine neue Zeit.

Begonnen hatte es eigentlich schon 1959 mit der Gründung des Forum Stadtpark – gegen den Willen des damaligen Bürgermeisters, aber mit Unterstützung des Kulturlandesrates. Im Jänner 2019, also 60 Jahre nach dem Entstehen dieses wichtigen Kul turzentrums im umgebauten Stadtparkcafé mit der schönen Adresse „Stadtpark 1", sagte der Maler und Mitgründungsvater des Forums, Gustav Zankl, explizit, dass es bei der Entstehung des Forums um „das Überleben in einer Nazistadt" gegangen sei. Die allgemeine Stimmung gegen die neue „Nutzung" des traditionellen Treffpunktes im Herzen der grünen Insel mitten in der Stadt war dagegen. Wo man früher Kaffee und Kuchen genießen und gegen den Stadtparkbrunnen hin im Gastgarten sogar tanzen konnte, war die neue Kunst eingezogen. Und nicht gerade die der bequemen Art. Emil Breisach, Alfred Kolleritsch, Gustav Zankl, Günter Waldorf, Grete Scheuer und Werner Hollomey hatten die Zügel in die Hand genommen und steuerten den jungen Verein Forum Stadtpark als Bahnbrecher für eine lebendige, neue Grundeinstellung in die Zukunft.

Ins Jahr 1963 fiel die Gründung von TRIGON, der Dreiländerbiennale Österreich, Italien und Jugoslawien. In spannenden architektonischen Interventionen wie der großen Kunststoffschnecke, die von Eilfried Huth und Günther Domenig ans Künstlerhaus angebaut worden war, oder im Burggarten konnte der Kunst der Gegenwart aus den Ländern des früheren Innerösterreich nahe gekommen werden. Der Austausch der Künstler in den drei Ländern trug ebenfalls seine Früchte. Parallel dazu sorgte die Steirische Akademie mit hochkarätigen Symposien, Lesungen und Vorträgen für einen zukunftsweisenden Input im Lande. Große Denker und Dichter, genannt seien beispielsweise Karl Rahner und Ernst Jünger, kamen nach Graz und sorgten für geistige Nahrung. Und wie TRIGON für eine bessere Auslastung der Hotellerie.

Der endgültige Durchbruch der Moderne kam im Jahr 1968, als Hanns Koren den „Steirischen Herbst" gründete, eine Zusammenführung von TRIGON und Steirischer Akademie mit weiterführendem Zusammengehen der Bemühungen des ORF, der Hochschule für Musik und darstellende Kunst und der Vereinigten Bühnen. Er selbst sagte darüber in seiner Eröffnungsansprache im Landtag: „Der ‚Steirische Herbst' soll eine repräsentative Zusammenfassung der künstlerischen und wissenschaftlichen Kräfte des Landes Steiermark in eine zusammenhängenden Veranstaltungsreihe in den Monaten September und Oktober jedes Jahres sein. Sinn und Zweck ist die Rechenschaft über die besten im Lande möglichen Leistungen, die aus ihm selbst hervorgebracht werden können und die im gleichen Rahmen den künstlerischen Darbietungen und wissenschaftlichen Veranstaltungen aus anderen

Nationen als Ergänzung und im Wettstreit gegenüber-gestellt werden sollen. Die internationale Komponen-te erwächst aus der organischen Nachbarschaft und Überlieferung, für welche der Name des alten Inner-österreich das Zeichen ist. Kontakte über Slowenien nach Jugoslawien und über Friaul nach Italien haben sich bewährt und werden im ‚Steirischen Herbst' be-sonders gepflegt. TRIGON, die Steirische Akademie, die Internationalen Malerwochen im Retzhof, die bis-her schon als Veranstaltungen der Steiermärkischen Landesregierung aufeinanderfolgten, werden koordi-niert mit den Darbietungen der Vereinigten Bühnen und des Österreichischen Rundfunks, Studio Steier-mark. Wir haben die Einladung ausgesprochen und freuen uns, in Zukunft den Beitrag des Kulturamtes der Stadt Graz verzeichnen zu können." An die Gra-zerinnen und Grazer direkt gewandt an anderer Stel-le: „Das also ist ein Charakteristikum des ‚Steirischen Herbstes': Es wird gespielt auf den Bühnen und im Konzertsaal, aber es wird nicht nur gespielt. Die Stadt selbst mit ihrer Atmosphäre, mit dem Reiz der Eigen-art ihrer Bauten und Plätze wird eine vom Herbst durchleuchtete große Bühne sein. Wie Salzburg eine unvergleichliche Bühne ist, wie sich das Ufer des Bo-densees als wandlungsfähiger Prospekt bewährt, so wird sich auch diese Stadt Kulisse bieten, aber sie selbst wird keine Kulisse sein, vor der fremde Gäste dirigieren und die Grazer uns Steirer selbst nur als Bühnenarbeiter oder Billeteure tätig sind. Die Kinder des Landes sitzen im Parkett, für sie wird gespielt, und sie spielen mit."

Aber nicht alle nahmen das Angebot an oder hinterfragten es kritisch. Was der „Steirische Herbst", der sich konsequent zum größten Avantgardefestival Europas entwickelte, zu bieten hatte, führte zu offener Ablehnung, ja Feindschaft. Wilde Jahre begannen, in die immer wieder Wolfgang Bauer verstrickt war. Ob als Bühnenautor oder Preisträger. Sein „Magic Afternoon" führte zum offenen Skandal, der Aggressionen auslöste, wie man sie bisher nicht gekannt hatte. Anonyme Morddrohungen, die gegen Autor, Hauptdarsteller und den verantwortlichen Politiker gerichtet waren. Sehr betroffen reagierte Hanns Koren, weil er der Meinung war, dass hinter jeder anonymen Drohung etwas Gespenstisches zu finden war, weil man nie wissen konnte, wer sich hinter diesen Giftpfeilen verbarg. „Das Bewusstsein, dass es einen Menschen gibt, der einem das antun will, verletzt, verwundet und kränkt. Und macht wehrlos. Der Briefschreiber ist ein Versteckspieler der besonderen Art. Er versteckt sein Gesicht, er vermummt sich, er verleugnet sich. Er setzt eine Larve auf, die ihn nicht erkennen lassen will, er maskiert sich. Und jede Maskierung ist ein dämonisches Ritual." Die harmlosere Variante waren Veranstaltungen, in denen selbsternannte Bildungsbürger unter der Anfeuerung reaktionärer Publizisten vom Leder zogen. Oder die Kommentare dieser Kulturschreiber in den diversen Medien.

Intensiv eskalierte die Situation, als Wolfi Bauer im Jahr 1970 den Literaturpreis des Landes, den Peter-Rosegger-Preis erhielt. Da war die bürgerliche Reaktion nicht mehr zu halten. Der Stephaniensaal quoll über, als man dort zum Aufstand gegen diesen „unglaublichen Skandal", „gegen die Ungeheuerlichkeit des Missbrauchs eines Namens" aufrief. Das Volk war empört und erregte sich bis zur Stiftung eines „Anti-Rosegger-Preises" für „echte" Dichter. Die Initiatoren und Stifter, zu denen auch Kreise des höheren Adels gehörten, konnten edles Handeln für sich reklamieren und den Applaus der Rechten im Lande. Der Geifer der Vernaderung war allenthalben zu spüren, und man kann sich leicht ausmalen, was damals geschehen wäre, hätte es das Internet mit seinen Plattformen schon gegeben, mit all seine Auswüchsen und Äonen von Hasspostings. Die hätte man wahrscheinlich schon bei kleineren Skandalen wie einem

„Herbst"-Plakat, bei dem nicht zu erkennen war, ob der dargestellte Mann die Hose hinaufzieht oder herunterlässt, einzusetzen gewusst. Oder Jahre später, nämlich 1988, als Hans Haak im Rahmen des „Steirischen Herbstes" die Marienstatue am Eisernen Tor in Graz mit einer Nachbildung der Siegessäule aus der Nazizeit verhüllte. Das Kunstwerk wurde von Tätern, die man bis heute nicht kennt, in Brand gesteckt und vernichtete nicht nur Haaks Arbeit, sondern schmolz auch die goldene Madonna ein. Die Verdoppelung eines Skandals war gelungen. Wieder ein paar Jahre später: 1995 wird zwischen Stadtparkbrunnen und Forum Stadtpark Serge Spitzers Brunnenkunstwerk aufgestellt, das im Volksmund bald den Namen „Rostiger Nagel" erhielt und das – obwohl als Kunstwerk auf Zeit errichtet – noch immer die Gemüter erregt und neulich – wegen der Gefahr des Umstürzens – auch die zuständigen Stellen der Stadt. Ein Zaun soll die Besucher des Stadtparks vor dem Kunstwerk und das Kunstwerk vor eben diesen Besuchern schützen. Ganz so ist es beim „Lichtschwert" neben der Oper nicht. Die hochragende modifizierte Nachbildung der New Yorker Freiheitsstatue, allerdings mit einem Schwert in der Hand, die vom Künstler Hartmut Skerbisch 1992 geschaffen wurde, als es galt, daran zu denken, dass Kolumbus vor 500 Jahren Amerika entdeckt hatte, fand ihren Platz direkt vor der Oper. Bürgerproteste sonder Zahl führten dazu, dass die Arbeit etwas zur Seite gerückt wurde und jetzt ihren Platz zwischen Oper und Next Liberty hat.

Große und kleine Skandale, die heute keine mehr wären, prägten die Aufbruchsjahre mit. Ob diese ohne sie so erfolgreich geworden wären, so prägend bis in unsere Tage herauf, ist zu bezweifeln.

In den **Welten der Worte**

Die Welten der Worte sind im Umbruch. Einzelne Bücher, umgekrempelte Verlagsprogramme und Buchmessen beweisen das. Neue Plattformen im Internet, welche die Grenzen zwischen Schreibenden und Lesenden aufheben, lassen die klassischen Verlage erzittern. Steht eine schöne und spannende Welt vor der Auflösung oder zumindest vor der radikalen Änderung? Wer kann das heute mit Bestimmtheit sagen. Man darf sich erinnern.

Gerd Bacher und Landeshauptmann Dr. Friedrich Niederl verlassen erschöpft nach einem Tag im Umfeld von zwei Millionen Büchern die Frankfurter Buchmesse. Sie stellen im Smalltalk fest, dass es in Anbetracht des Erlebten fast sinnlos scheint, ein neues Buch zu schreiben. Sie sind auf der Buchmesse mit einer Handvoll steirischer Autoren zusammengetroffen, die mit dem Landeshauptmann im Zuge seiner Auslandskulturreisen nach Frankfurt gekommen waren, um die eigene schöpferische Leistung mit jenen in der weiten Welt zu vergleichen und andererseits um Autorenkollegen oder Verleger zu treffen, die den Weg nach Graz scheuen. Sie haben sich gemeinsam durch die schier endlosen Reihen von Ausstellerkojen schieben lassen, ständig mehr oder weniger bekannten Autoren begegnend und stets auf der Suche nach Neuem. Auf diesem Trip zu den steirischen Verlagen, die hier einen beachtlichen Auftritt abliefern und im internationalen Vergleich bestehen können, müssen sie immer wieder Gruppen von Journalisten und Kamerateams ausweichen, die auf dem Weg zur nächsten Pressepräsentation sind. Styria und Leykam, Stocker, Verlag für Sammler und Droschl Verlag sowie ein eigener Stand der „manuskripte" sind ihre Andockstationen, bevor es zur gesamtösterreichischen Pressekonferenz des Buchhandels geht. Erfreut kann zur Kenntnis genommen werden, dass Österreichs Verlage und ihre Autoren im internationalen Konzert des geschriebenen Wortes veritable Instrumente sind. Man braucht den Vergleich nicht zu scheuen, stellen die Steirer mit ihrem Landeshauptmann erfreut fest. Sie treffen Kollegen aus den anderen Bundesländern, schauen am Österreichstand nach der Präsentation der eigenen Werke, treffen auf Gerd Bacher, der immer wieder erkannt wird, und verlassen schließlich den größten „Jahrmarkt" des Buches und des geschriebenen Wortes überhaupt, um auf den nächsten

Platz zu eilen, auf dem der Irrsinn des nächsten Trubels wartet: Frankfurter Flughafen. Auf der S-Bahn-Fahrt dorthin, angeführt von Wolfgang Bauer, Diskussionen mit anderen Fahrgästen, die auch von der Buchmesse kommen und ihr Staunen nicht verkneifen können. Beim Flug zurück Wolfis nächster großer Auftritt, der sich einbildet, nicht an seinen Sitz angeschnallt, sondern zwischen den Reihen stehend landen zu müssen. Alle Interventionen des Flugpersonals sind umsonst. Er will diese neue Dimension des Freiheitsgefühls unbedingt auskosten, kommt unbeschadet auf den Boden, ehe er in Graz im Dunkel um den Flughafen verschwindet.

Eine andere Welt des gedruckten und gesprochenen Wortes: die Buchmesse in Leipzig, die sich, obwohl wesentlich kleiner, mit Frankfurt in der Qualität durchaus messen kann. Es ist der 7. Mai 1992, als Dr. Josef Krainer, der Niederl 1980 als Landeshauptmann abgelöst und seine Auslandskulturreisen gern übernommen hat und schon mit Schauspielern bei Boy Gobert in Berlin (zur Premiere von „Amadeus" mit dem Steirer Helmut Berger in der Titelrolle), mit Musikschaffenden im Institut für Elektronische Musik des großen Pierre Boulez in Paris oder mit Architekten beim Architekturlehrer Behnisch in Stuttgart gewesen war, zur

Buchmesse in Leipzig aufbricht. Wolfgang Malik, sein persönlicher Sekretär und Pilot aus Leidenschaft, hat eine kleine Gruppe von Autoren und Verlegern hierher pilotiert, die nicht weit von „Auerbachs Keller" im Zentrum Leipzigs in die gut besuchten Messehallen eilen. Hier präsentiert sich die Welt des Buches in einer intimeren, sehr einprägsamen Weise. Vergleiche mit Frankfurt werden gezogen, die durchaus positiv ausfallen, und es kommt mitten im Messetrubel zu einer besonderen Begegnung. Kurt Biedenkopf, der zum Ministerpräsidenten von Sachsen avancierte ehemalige CDU-Generalsekretär und kritischer Kopf der Partei, setzt sich in einem ruhigen Winkel der Buchmesse mit den Steirern zusammen. Biedenkopf, der diesen Kristallisationspunkt für das geschriebene Wort nach Kräften unterstützt, redet auch sehr offen über die Osterweiterung Deutschlands. Seine Worte über jene, die meinen, dass „das Ganze in fünf Jahren gegessen" sein wird, mit totaler Angleichung von West und Ostdeutschland, bleiben im Gedächtnis. „Das wird noch Generationen beschäftigen", meint er, und der Blick in die Gegenwart bestätigt ihn.

Am Nachmittag eine andere Begegnung mit der Welt der Macht des Wortes. Die Gruppe aus Graz, bestehend aus Alfred Kolleritsch, Gloria Kaiser, Kurt Wimmer, Walter Grond, Georg Pichler und Fabian Haffner sowie dem Verleger Max Droschl, trifft Pfarrer Christian Führer in „seiner" Nikolaikirche. Er schildert, was drei Worte dazu beitrugen, den Weg zur deutschen Wiedervereinigung zu ebnen. „Offen für alle" steht auf dem Holzbalken, den er bescheiden zeigt. Von dieser Kirche und der Einladung davor ausgehend, wurden die Menschen einander näher gebracht, immer mehr Vertrauen entstand, und schließlich kam es zu jenen machtvollen Demonstrationen, die als friedvoller Flächenbrand um sich griffen und dazu führten, dass das kommunistische Regime stürzte und der Weg frei war zur deutschen Wiedervereinigung. Natürlich nur, weil auch auf höchster politischer Ebene alles passte. Außenminister Genscher und Kanzler Kohl, Kohl und Präsident Gorbatschow und dieser wiederum mit den Größen der westlichen Welt, die amerikanischen Präsidenten an der Spitze, hatten eine Gesprächsbasis gefunden. Und welche Fäden Papst Johannes Paul II. vom Vatikan aus zog, wird sich erst weisen, wenn bestimmte Archive geöffnet werden.

Gedankensprung nach Graz zu dramatischen Begebenheiten um das geschriebene Wort. „ABSCHIED" stand als einziges Wort auf der Titelseite der „Südost-Tagespost", als sie am 1. April 1987 zum letzten

Mal erschien. Über 30 Jahre ist es her, seit die Journalisten ihre Schlacht verloren. Dr. Gerfried Sperl als Chefredakteur hatte mit Kollegen wie Detlef Harbich, Manfred Blumauer und Bernd Schmidt, Willibald Pennitz und Herfried Teschl alles darangesetzt, das Blatt zu erhalten. Großzügige Spender aus dem Leserkreis waren bereit, zu helfen. Alles nützte nichts. Die Umstände der Zeit waren gegen die Parteizeitungen, auch wenn diese versuchten, so unabhängig und kritisch wie möglich zu sein. In Wien wurden das Kopfblatt der ÖVP, das „Volksblatt", und die SPÖ-„Arbeiterzeitung" eingestellt. Die „Neue Zeit" in Graz wurde von der SPÖ in einem Akt der „Kindesweglegung" aufgegeben und von kämpferischen Journalisten mit Chefredakteur Josef Riedler an der Spitze weitergeführt. Aller Einsatz und die guten Verbindungen Riedlers nützten nichts. Auch die „Neue Zeit" hörte auf zu bestehen. Der Kampf der Worte verlagerte sich auf die unabhängigen Kleinformate „Kleine Zeitung" und „Kronen Zeitung", die 1972 in Graz eine eigene Redaktion aufmachte. Großaktionen mit Gratisangeboten, Geschenken, Stadtfesten, die Aktion „Rettet die Grazer Altstadt" bis zum Faschingsumzug der „Kleinen Zeitung" und dem Stadtfest der „Krone" traten an die Seite eines „Krieges der Worte". Der Tod der beiden Parteizeitungen, die beide in der Leykamdruckerei hergestellt wurden, hat nicht nur der „Fleet Street" von Graz, der Stempfergasse, viel von ihrem geistigen Leben genommen. Er hat auch zu einer Verarmung der einst so lebendigen Grazer Medienlandschaft geführt, die schon sehr früh mit der Gründung der ersten Zeitung im Jahr 1592 begann, der im 18. Jahrhundert „Der steyrische Biedermann", eine Zeitung für Damen und andere gebildete Frauenzimmer und schließlich das „Allgemeine Intelligenzblatt für Innerösterreich" folgten.

Aktuelle Meldungen aus dem „Krieg der Worte", der immer stärker im Internet ausgetragen wird. Von Salzburg aus will man mit einem Start-up den Buchmarkt und damit die Welt der traditionellen Verlage aufmischen. Die klassischen Grenzen zwischen den Produzenten und den Rezipienten, sprich zwischen den Autoren und den Lesern, sollen aufgehoben werden. „story.one" nennt sich die neue Plattform, die es jeder Autorin und jedem Autor ermöglicht, zu publizieren. Mehr als 1000 Geschichten sind seit November 2018 schon erschienen, und „Hunderte Nutzer schreiben regelmäßig". An die 100.000 sollen es nach dem Wunsch der Plattformgründer bald sein. Hat ein Autor zehn Geschichten geschrieben, kann er ein eigenes Buch drucken lassen. Für erschwingliche 17 Euro inclusive ISBN. Und es gibt keine Mindeststückzahl. „story.one" will für den Bereich der Erzählungen das sein, was YouTube bei den Videos ist.

Beruhigend: Die Zahl der Leser des „haptisch erfassbaren" Buches steigt vor allem unter den jungen Leserinnen und Lesern deutlich an. Die Grundsehnsucht vieler Menschen nach dem geschriebenen und gedruckten Wort ist stark. Die traditionellen Formen scheinen nicht gefährdet. Es wird weiter Veranstaltungen wie die Frankfurter und die Leipziger Buchmesse geben, kreative und risikobereite Verleger und als Grundsubstanz das Wichtigste: schöpferische Autoren.

Ein **Strauß** *frischer Blumen*

„Diese Sammlung schaut aus, als habe jemand einen Strauß frischer Blumen gepflückt und ihn durch immer neue jung erhalten", sagt ein offenbar Kunstsinniger über die Sammlung Gegenwartskunst der Wirtschaftskammer Steiermark. Sie wurde 1970 begonnen und ist, immer im persönlichen Kontakt mit den Künstlerinnen und Künstlern, auf über 1100 Arbeiten angewachsen. Gekauft wurde in der Hauptsache von jungen, noch nicht arrivierten Malern und Plastikern, deren Förderung zur Philosophie der Sammlung gehört. Dass viele von ihnen den Durchbruch geschafft haben, ist angenehmer Nebeneffekt. Ein sehr früher Gottfried Brandl, ein junger Gottfried Fabian und noch „ganz andere" Bilder von Wolfgang Wiedner bezeugen es. Elga Malys „Eisern", „Steinern" und „Brandung" empfangen im Vorraum der Präsidenten der Kammer, und Wolfgang Temmels sozialkritisches Pärchen „Take" und „Give" gleich neben dem Lift weist die Spannbreite der gesammelten Werke aus. Die von Robert Zeppel-Sperl geschaffene Glasplastik „Fußvogel", die in Murano hergestellt wurde, und Hannes

„*Eisern*" *von Elga Maly.*

Fladerers „Behausen", eine große Metallplastik vor dem Campus 02, auch.

Am Anfang stand die Vorstellung eines Mannes, der meinte, es gelte nicht nur zu reden, sondern zu handeln. Gerade in der Gegenwartskunst. Es war der damalige Präsident der Kammer, Hans Mayer-Rieckh, selber mit seiner „Humanic" und auch privat ein Förderer der jungen Kunst, der 1970 das Tor aufstieß und den Anstoß für die Kammersammlung gab. Die heutigen Präsidenten fühlen sich seinem Gedankengut noch immer verpflichtet und setzen die Sammlertätigkeit fort. Und das ist die Philosophie der Kollektion, die Hans Mayer-Rieckh 1980 niedergeschrieben hat: „Ähnlich den Jägern sind die Wirtschaftstreibenden ständig auf Fährtensuche. Sie trachten, dem Zeitgeist auf der Spur zu bleiben. Ihre Wirklichkeit ist der dem Zeitgeist unterworfene, stets wandelbare Markt. An der Wirklichkeit vorbeizuhandeln, ist verderblich. Alle verehren die große und ewige Kunst, Homer, Phidias, Mozart, Leonardo da Vinci. Um diese Quintessenz zu gewinnen, mussten jedoch Abertausende Dichter, Musiker, Maler und Bildhauer ihr Bestes geben, um ruhmlos und unbedankt zu sterben. Wir brauchen die zeitgenössische Kunst direkt und indirekt. Sie gestaltet die Arbeits- und Lebenswelt unserer Fabriken,

Büros, Läden und Wohnungen. Wird sie ihrer Aufgabe gerecht, spendet sie Lebens- und Arbeitsfreude. Das 19. und 20. Jahrhundert haben Großartiges hervorgebracht. Aber naturgemäß daneben viel Verfehltes. Wir brauchen die zeitgenössische Kunst, um das Verstaubte, Verlogene und Falsche auszuräumen."

Die Sammlung Gegenwartskunst hat die Lebens- und Arbeitsräume der hier Tätigen und der um Beratung oder Hilfe kommenden Unternehmer erfrischend aufgewertet. Viel Atemluft ist durch die junge Kunst ins Haus gekommen und eine neue Qualität im Umgang mit dem Fortschritt. Was Mayer-Rieckh angedacht und ermöglicht hat, liest sich wie ein „Who is Who" der steirischen Kunst seit 1970. Friedrich Aduatz, Werner Augustiner, Joachim Baur, Gerald Brettschuh, Karl Dobida, Fedo Ertl, Josef Fink, Gisela Grill, Eduard Hänggi, Karl Grünling, Fritz Hartlauer, Richard Hirschbäck, Wolfgang Hollegha, Reno Ernst Jungel, Gerhard Kepplinger, Hans Jandl, ILA, Martin Kaltner, Alfred Klinkan, Othmar Krenn, Michael Kienzer, Richard Kriesche, Barbara Lazar, Mano M. Lindner, Gerhard und Erika Lojen, Renate Maak, Petra Maitz, Peter Moizi, Franz Motschnig, Andreas Nottebohm, Friederike Nestler-Rebeau, Adolf Osterider, Heide Osterider-Stibor, Vevean Oviette, Ferdinand Penker,

Rudolf Pointner, Peter Pongratz, Markus Prachensky, Drag J. Prelog, Wolfgang Rahs, Arnulf Rainer, Franz Roupec, Franz Rogler, Anna Rogler-Kammerer, Carl Rotky, Luis Sammer, Werner Schimpl, Günter Schimunek, Paul Schmidtbauer, Josef Schneeweiss, Hannes Schwarz, Renata Schwarzbauer, Michaela Söll, Rudolf Spohn, Ingeborg Strobl, Suse Stoisser, Elisabeth Schwarzbauer, Hans Stockbauer, Erwin Talker, Josef Taucher, Edith Temmel, Erich Thage, Gregor Traversa, Franz Trenk, Hartmut Urban, August Trummer, Franz Vass, Günter Waldorf, Hedi Wasserthal, Kurt Weber, Regina Weiss, Dorothea Weissensteiner, Alfred Wickenburg, Alfons Werner, Alexander Wolf, Robert Zeppel-Sperl und Alfred Zoff gehören zu den Gesammelten. Diese Aufzählung weist die Umsetzung der Grundgedanken Mayer-Rieckhs nach.

Werner Fenz, Wissenschaftler und ehemaliger Leiter der Neuen Galerie des Landes, hat dazu festgehalten: „Ich weiß nicht, wie viele Personen, die den ‚Verkehr' in der Kammer ausmachen, bemerken, dass dieses Haus voll ist mit Kunst. Schon auf dem Weg zum Lift begleitet sie einen. Wenn man den Blick von den Schuhspitzen hebt, schieben sich die Bilder zwingend ins Gesichtsfeld; auch in den Gängen, wenn man auf das Gespräch unter vier Augen mit den Refe-

„Haus an der Grenze" von Günter Waldorf.

renten wartet, könnte der Blick den Wänden entlang über Gemälde, Grafiken und kunstvolle Fotografien schweifen und erst recht in den Besprechungszimmern, zwischendurch, wenn das Telefon die Konzentration auf den Gegenstand des Gesprächs kurzfristig aufhebt. Obwohl ich mir bewusst bin, dass eine Verfrachtung von Kunst in einen anderen öffentlichen Bereich als den des Museums oder der Galerie nicht geradlinig in eine bessere Kommunikation zwischen Konsumenten und Produzenten führt – ein Begriffspaar, das wahrscheinlich nirgends so treffend angewendet wird wie an diesem Ort –, scheint mir die Wirtschaftskammer-„Ausstattung" bemerkenswert. Freilich entgeht sie nicht der Gefahr des Missverständnisses. Das Kunstwerk ersetzt hier den Wandschmuck, und diese Entscheidung nimmt eben das Kopfschütteln in Kauf."

Das ist die sozusagen kundenorientierte Seite der Sammlung: die Konfrontation der ins Haus Kommenden mit guter Kunst. Für die Künstlerinnen und Künstler ist es die Chance zur permanenten öffentlichen Präsentation. Die Sammlertätigkeit, durchgeführt von Kunstliebhabern und -kennern, nicht aber von Kunstsachverständigen, hat aber noch eine dritte Seite: Die Kollektion, deren materiellen Wert und dessen ständige Steigerung man nicht unterschätzen sollte, hat von Anfang an ein einschneidendes Umdenken der Mitarbeiter in Richtung Gegenwartskunst bewirkt. Sie haben die Verbesserung des Arbeitsklimas bewusst erlebt, und Kritik – etwa mit der Bemerkung „Für diese Schmiererei bekommt der Künstler so viel, wie ich im Monat verdiene" – ist verstummt. Dafür hat die Zahl der Mitarbeiterinnen und Mitarbeiter, die sich an die Sammlungsverantwortlichen – jetzt ist das Mag. Jürgen Köstner – mit der Bitte, bei Neuankäufen auf ihren Arbeitsbereich Rücksicht zu nehmen, erfreulich zugenommen. Die Gegenwartskunst ist – im besten Sinne des Wortes – angekommen. Die Künstlerinnen und Künstler hingegen wissen, dass in diesem Haus über Kunst nicht nur geredet wurde und wird, sondern dass man konkret handelt. Fernab von großspuriger Wohltätergesinnung und von Behübschungsbedürfnissen. Gegenwartskunst als Überlebensmittel. Das Pflänzchen, das Hans Mayer-Rieckh in die Erde gesenkt hat, ist zu einem kräftigen und Früchte tragenden Baum geworden.

Wunsch an die Zukunft: Der Baum möge weiter gepflegt werden. Die handelnden Personen lassen es erhoffen.

Sechs **Landeshauptleute**

Der Platz zwischen den Sitzen im legendären Chevrolet mit der Nummer G 1, in dem Luis Schellauf Landeshauptmann Josef Krainer über zwei Millionen Kilometer unfallfrei durchs Land führte, war der spektakulärste bei Begegnungen mit fünf Landeshauptleuten. Das war in den 60er-Jahren des 20. Jahrhunderts, als der „alte" Krainer, wie er liebevoll genannt wurde, in gesunder Skepsis den damals aus dem Boden schießenden Agenturen gegenüber den „Krainer Kindergarten" ins Leben rief. So nannte man jene vornehmlich jungen Leute, die seine Wahlkämpfe mitgestalteten. Unter ihnen Ruth Feldgrill, Bernd Schilcher und Helmut Strobl. Künstlerische Mitstreiter in diesem „Verein" waren Günter Waldorf, Gerry Zotter, Hans Paar und der innovative Grafiker Karl Neubacher. Da mir im letzten Wahlkampf, den Josef Krainer bestritt, die Aufgabe zugefallen war, die Testimonials (Paula Grogger, Karl Heinrich Waggerl, Eva Rueber-Staier, die Welt-Schönheitskönigin, Kern-Theissl, damals Tanzweltmeister, Franz Deutsch, der Rundfahrtsieger, und Gerti Pall konnten gewonnen werden) zu organisieren und in Zusammenarbeit mit Karl Neubacher zu gestalten, wollte er einmal mit mir reden. Ich sollte zu ihm kommen. Es galt, einen Termin zu bekommen.

Der Anruf bei seinem Bürochef Alfons Tropper endete mit dem Bescheid: „Wir haben keine Zeit." Um diese Hürde zu umgehen, blieb nur der Platz zwischen den Autositzen. Er wurde in der Einfahrt in die Burg eingenommen, wo der Wagen für die nächste Ausfahrt bereitstand. Als der Landeshauptmann in den Wagen stieg, seinen Hut auf dem Rücksitz platzierte und den Auftrag gab, zum Brauhaus Puntigam zu fahren, war der Moment des Auftauchens gekommen. Auf der Fahrt die Burggasse hinunter, die Oper schon im Blick, wurde der Rücksitz erobert und an den verdutzten Landeshauptmann, der inzwischen in helles Lachen ausgebrochen war, die Frage gestellt: „Du wolltest mich sprechen?" Nachdem er mit der Ansage: „Du bist schon ein narrischer Kerl", die Geschichte mit dem „Wir haben keine Zeit" angehört hatte, folgte die erwünschte Besprechung über irgendein Detail bei den Testimonials. Beim Brauhaus Puntigam angekommen stieg er aus und erteilte Luis den Auftrag, mich zurückzubringen.

Josef Krainer war 1948 Landeshauptmann geworden und hatte der Steiermark in der schweren Nachkriegszeit zu einem beachtlichen Aufholprozess verholfen. Er führte das Land mit starker Hand, was ihm den Ehrentitel „Lärchener Stipfl" eintrug, und mit väterlicher Zuneigung. Er wurde zum ersten Landesvater der Steirer, der seine Ursprünglichkeit und Vitalität im Kontakt mit den Großen der Welt, mit Königin Elisabeth von England, Marschall Tito oder Nikita Chruschtschow, im Interesse seiner Landsleute einsetzte.

Geboren wurde er 1903 in St. Lorenzen bei Scheifling in der Obersteiermark und wuchs bei seiner Großmutter auf, die in ihm die Neugier auf Zeitungen weckte und auf alles, was in der Welt geschah. Nach einer steilen Karriere als Landarbeiterkammer-Funktionär war er in Graz Vizebürgermeister. Dann nach dem Krieg Landesrat und zuständig für alles, was die Menschen zum Überleben brauchten. Er war einer der Ersten gewesen, die es nicht dem Schicksal und den Besatzungssoldaten überließen, was mit den Menschen im Lande weiter geschehen sollte. Es galt, die dringendsten Fragen nach Mehl, Milch und Fett, nach Zucker und Kohle zu lösen. Krainer war da, und bald wussten es alle, dass er als führender Kopf für die kommende Zeit im Land zu gelten hatte. Als Landeshauptmann war er Nachfolger des provisorischen Landeshauptmannes Machold, den er sehr schätzte, und Anton Pircheggers, der 1945 als erster gewählter Mann an die Spitze der Landesregierung getreten war. „Krainer konnte seine, in einer Urbegabung und sittlichen Fundierung begründeten politischen Ideen zur Festigung der wirtschaftlichen und geistigen Landessubstanz und zum Beitrag der Steiermark in der politischen Lenkung ganz Österreichs immer mehr entwickeln und verwirklichen." So gerüstet konnte er den Aufschwung des Landes vorantreiben, mit Straßenbauvorhaben, mit Betriebsansiedlungen und Förderung der bestehenden Unternehmen, mit Ankurbelung der Forschung im Lande in Zusammenarbeit mit den Hohen Schulen und mit der Ermöglichung eines neuen geistigen Klimas im Lande. Dafür holte er sich 1957 den Volkskundler und katholischen Vordenker Hanns Koren aus dem Parlament in die Steiermark zurück und machte ihn zum Kulturlandesrat. Er hatte einen konsequenten Innovator gewonnen, der gegen alle Widerstände ein neues geistiges Klima ermöglichte und so zum „Erzherzog Johann unserer Tage" (Rudolf Kirchschläger) wurde. Josef Krainer führte die Steiermark bis 1971, bis ihn am ersten Adventsonntag, am 28. November, bei einer Fasanenjagd in Allerheiligen bei Wildon der Sekundentod ereilte. Das ganze Land fiel in tiefe Trauer, in die sich sehr zögerlich Nachfolgespekulationen mischten. Aber auch dafür hatte er in angeborenem Weitblick Sorge getragen. In seiner Brieftasche fand sich ein handgeschriebener Auftrag, der lautete: „Der Niederl soll Landeshauptmann werden. Er ist der Verlässlichste und Beste. Mit ihm ist die Steiermark politisch zu halten. Vielen Dank meinen Freunden."

So geschah es. Schon 1974 zeigte es sich, wie weitblickend Josef Krainer gewesen war. Dr. Friedrich Niederl, zuvor Bezirkshauptmann, gelang ein Erdrutschsieg. Er führte die Volkspartei zu 31 Mandaten und damit zur absoluten Mehrheit im Steiermärkischen Landtag. Damit behielten die Unkenrufer unrecht, die verkündet hatten, die Schuhe eines Josef Krainer seien zu groß für einen Friedrich Niederl. Krainer hatte gespürt, dass die Zeit reif war für einen Mann vom Zuschnitt des bescheidenen Obersteirers, für einen Mann zum Angreifen, bei dem es keine Berührungsängste gab. Niederls Art, seine unermüdliche Arbeit und seine Offenheit brachten ihm allenthalben Zustimmung und 1978 einen weiteren beachtlichen Wahlsieg. Er erreichte 30 Mandate und wurde einstimmig zum Landeshauptmann gewählt. Es war ihm

Dr. Josef Krainer.

neben der Knochenarbeit für die Steirerinnen und Steirer auch wichtig, Kontakte zu den Künstlern und Journalisten des Landes zu pflegen. Das gelang mit einer Aktion besonders gut. Er rief die Auslandskulturreisen des Landeshauptmannes ins Leben, bei denen er Künstlerinnen und Künstler verschiedenster Bereiche – von den Literaten über die Maler und Bildhauer, die Musiker und Architekten – einlud, in die Welt hinaus zu fahren, um sich dort ein Bild der aktuellen Kunst- und Kulturszene zu machen und persönliche Kontakte zu knüpfen. (Es ist darüber noch an anderer Stelle zu lesen.)

Die neuerliche Amtszeit an der Spitze des Landes, die Niederl im Jahr 1978 durch einen Wahlsieg gesichert hatte, war aber nur mehr von kurzer Dauer. Was dann geschah, war, wie Ernst Trost, der Spitzenjournalist und Autor aus der Steiermark, es formulierte, eine „undurchsichtige Kreditaffäre" seiner Söhne, die als Gastronomen in der Obersteiermark tätig waren. Das erträgt einer wie Friedrich nicht, auch wenn er selber mit der Sache nichts zu tun hat. Eines Tages erklärte er dem geschäftsführenden Landesparteiobmann und Landesrat Dr. Josef Krainer: „Du musst meine Arbeit übernehmen", und gab kurz vor seinem 60er offiziell den Rücktritt bekannt. Überraschend für die meisten.

Die 800-Jahr-Feier des Landes Steiermark war sein letzter öffentlicher Auftritt. Der „junge" Krainer, von vielen im Land einfach Joschi genannt, übernahm.

Er war 15 Jahre lang Landeshauptmann und prägte das Land mit dem ihm eigenen, sehr konsequenten Stil, sowohl bei der Lösung anstehender Probleme als auch im Umgang mit Mitarbeitern und mit den Menschen draußen. Dabei half ihm sein phänomenales Gedächtnis, das manchen in Erstaunen versetzte. Es war nichts Außergewöhnliches, wenn er bei einer Begegnung mit einem Landwirt nach dem Befinden seines Viehbestandes fragte, eine Mutter, ob wohl der Sohn schon wieder aus dem Krankenhaus gekommen sei, oder einen Bekannten aus den Bergen, ob er heuer schon seinen Rehbock geschossen hätte. Das half bei vielem. Auch in dem von ihm gern gepflegten Umgang mit Künstlern, deren Werke er kannte und verstand. Bei der Pflege seiner Auslandskontakte, die über die Nachbarländer hinaus bis nach Washington reichten. Und bei seinen Vernetzungen aus Studienzeiten von Bologna über Amerika bis an die Universität Graz, wo er eine Zeitlang Assistent von Univ.-Prof. Dr. Anton Tautscher war und die Grundregeln der Volkswirtschaftslehre verinnerlichte. Der erfolgreiche Weg für das Land war ein Weg des Fortschritts in der Internationalisierung von Wirtschaft und Forschung. Es war der Weg eines offenen Klimas nach innen und nach außen. Vieles wäre ohne seinen persönlichen Einsatz nicht möglich geworden. In seiner Amtszeit war die Steiermark von einem Nachzüglerdasein unter den österreichischen Bundesländern auf die Überholspur gebracht worden, auf der man zügig in Richtung Europa steuerte.

Dass Dankbarkeit in der Politik keine Kategorie ist, musste er bei den Landtagswahlen 1995 zur Kenntnis nehmen. In den Stunden nach dieser Wahl, die seiner Volkspartei eine empfindliche Niederlage gebracht hatte, zeigte sich wahre Größe. Die Unerbittlichkeit der Wähler, auch jener, die später von einem fast weinerlichen Bedauern befallen wurden, führte im Dezember zum herben Ergebnis. Dr. Josef Krainer nahm die ganze Verantwortung auf sich, und noch bevor ihm ein Medienvertreter durch eine Frage die „seidene Schnur" reichen konnte, erklärte er in ebenso mannhafter wie eleganter Form seinen Rücktritt. Sein Auftritt verschlug politischen Gegnern und manchen in der eigenen Partei den Atem. Sprachlose Achtung war überall zu spüren.

Nach einer kurzen Nachdenkpause in der ÖVP, in deren Verlauf Gerhard Hirschmann auf seine Anwartschaft auf den Posten des Landeshauptmannes verzichtete, war die Entscheidung schon einen Tag später gefallen. All jenen aus dem engeren Kreis, die an die Macht wollten, zum Trotz wurde Waltraud Klasnic zur Nachfolgerin von Josef Krainer bestellt. Ein neuer Führungsstil kehrte in der Burg ein. Sie, die am 18. Dezember 1995 zur ersten Frau an der Spitze eines österreichischen Bundeslandes designiert worden war, hat nicht lange gebraucht, um die Herzen der Steirerinnen und Steirer zu erobern. Zu ihren Grundbekenntnissen gehörte es nämlich, dass es niemandem zusteht, sich über jemanden anderen zu stellen, und dass die Politik jedem Einzelnen zu dienen hat. „Man muss auf die Menschen nicht nur zugehen, sondern in sie hinein, man muss mehr zu geben lernen, dass ohne die Leistung jedes Einzelnen nichts geht", ist ein Kernsatz ihres politischen Tuns. Typisch für sie ist es auch, dass sie bei einem Zusammenkommen in ihrem Arbeitszimmer nicht am Schreibtisch sitzt, sondern an einem großen runden Tisch. Darüber hängt eines der Erzberg-Bilder von Herbert Boeckl. Im Zimmer hat sie einiges verändert. Die Hand der Frau ist zu spüren. Die Bilder der Enkelkinder stehen auf dem Schreibtisch. Überall im Raum sind Blumen und Pflanzen, auf die Peter Rosegger von einem Ölgemälde aus herunterblickt. Zwischen den Fenstern zum Burggarten hin steht wie ein Schutzpatron auf einer Kommode Erzherzog Johann als Jäger aus weißem Augartenporzellan.

Waltraud Klasnic sorgt für ein gutes Gesprächsklima zwischen den politischen Kräften und dafür, dass etwas weitergeht. Fast kindlich freut sie sich darüber, dass sie bei einer „Jugendverträglichkeitsprüfung" eines großen Meinungsforschungsinstituts mit an der Spitze gelandet ist. „Das macht mich wirklich froh. Denn wer ist unsere Zukunft, wenn nicht unsere Jugend. Und bei ihr gut anzukommen, ist schon etwas." Aber es war offenbar nicht genug, wie sich bei den Wahlen im Jahr 2005 zeigt, bei denen die SPÖ mit Franz Voves an der Spitze gewinnt. 41 Prozent der Stimmen erreicht der ehemalige Eishockey-Nationalspieler und Versicherungsmanager und wird Landeshauptmann. Als solcher geht er mit Hermann Schützenhöfer, seinem Stellvertreter von der ÖVP, eine viel beachtete Reformpartnerschaft ein, die in der Steiermark Entwicklungen ermöglicht, an die man anderswo nicht zu denken wagt. Franz Voves bleibt bis 2015 im Amt, bis der Wähler am 31. Mai wieder zuschlägt. Die Sozialdemokraten bekommen nur noch 30 Prozent der Stimmen, und er zieht die Konsequenz. Er verabschiedet sich aus der Politik. Auf seinen Vorschlag wählen seine Parteifreunde gemeinsam mit der ÖVP Hermann Schützenhöfer am 16. Juni 2015 zum Landeshauptmann.

Seit jenem Tag steht er, der schon aus der Zeit als rechte Hand von Franz Wegart und als Mitglied der Landesregierung Bekannte, an der Spitze. Er versucht, die Reformpartnerschaft mit seinem Stellvertreter Michael Schickhofer fortzuführen, zieht stolz die Gemeindezusammenlegungen durch, pflegt internationale und nationale Kontakte für seine Steirerinnen und Steirer und wendet sich manchmal auch mit voller steirischer Breite gegen Wien, vor allem wenn es darum geht, den Sozialstaat sturmfest zu machen. Er tut das mit derselben Begeisterung, mit der er sich um seine Familie kümmert, und er wird es wahrscheinlich auch nach der Wahl im kommenden Jahr tun. Man darf gespannt sein.

Ich war im Traum ein Baum
– Bilder aus dem Pflegeheim

„Ich war im Traum ein Baum" heißt eines der farbenfrohen Bilder, mit denen Bruder Erhard seit Herbst 2016 im Pflegewohnheim Aigner-Rollet in der Max-Mell-Allee am Grazer Rosenhain täglich eine Schar von Freunden erfreut. Ihm selber, der nicht mehr in seiner Bauernkeusche auf einem Berg in der Nähe von Arnfels bleiben konnte, tut es auch gut, diese Bilder zu malen, und man kann an jedem einzelnen erkennen, wie es ihm geht. Fröhliche Landschaften wechseln sich mit dumpfen, abstrakten Impressionen und mit Selbstporträts ab. Es sind Lebensfäden der besonderen Art, die einen Zurückgezogenen mit der Welt verbinden, die zu der Welt draußen gesponnen werden.

Vor fast drei Jahren ist er in dieses Haus mit den freundlichen und kompetenten Betreuern gekommen und damit Teil eines Systems geworden, das immer problematischer werdend in der Zukunft noch mehr beschäftigen wird. Die ständig steigende Lebenser-

„Hingabe" von Ishwara Erhard Koren.

wartung der Menschen und deren persönliche Einstellung zum Leben lassen immer neue Problemfelder auftauchen. Trotz aller Unkenrufe über Mängel in der Seniorenbetreuung, über zu wenig Personal und dessen mangelnde Ausbildung und über zu wenig Zeit, die diesem Personal zur Betreuung zu Verfügung steht, wollen die Menschen immer älter werden. Was man so allgemein über das Älterwerden im Kopf hat, stimmt einfach nicht mehr. Einer wissenschaftlich unterstützten Befragung von Menschen zwischen 50 und 79 Jahren zufolge fühlen sie sich „hungrig nach neuen Erfahrungen, modebewusst und optimistisch". Alt ist man frühestens ab 70 und, geht es nach den älteren Befragten, überhaupt erst ab 75 Jahren. Lebenserwartung und Wunschalter liegen auch in diesem Trend. Bei Männern ist die aktuelle Lebenserwartung 79 Jahre und bei Frauen sogar 84. Das Wunschalter liegt bei beiden Geschlechtern bei 90. Und die Befragten fühlen sich, wie Thomas Schwabl, Geschäftsführer des befragenden Instituts Marketagent meint, um zehn Jahre jünger, als sie sind. Die Zeiten sind vorbei, in denen man sich mit 60 als Alter fühlte und auch so angesehen wurde. Jetzt fühlt man sich am Anfang eines neuen Lebensabschnitts, und erst mit 70 kommen dann die Wehwehchen, die alt erscheinen lassen. Aber auch dann will man es nicht wahrhaben, und der

Wunsch für immer zu Hause zu bleiben nimmt stetig zu. Und das führt bei allen Fortschritten, die man auf dem Gebiet der Pflegeeinrichtungen gemacht hat und weiter anstrebt, zu einem neuen Problem.

Es wird immer schwieriger, eine wirklich alle Bedürfnisse erfüllende Hauspflege zu finden, die 24 Stunden da und kompetent in allen Belangen ist. Hier steht man vor der Tatsache, dass ein hoher Prozentsatz der Pflegerinnen, die man über Inserate, Internetbewerbungen und immer mehr durch Agenturen, die wie die Pilze aus dem Boden schießen, bekommen kann, aus dem östlichen und südlichen Ausland stammt. Österreicherinnen und Österreicher, die in dieser Sparte der Sozialberufe tätig sein möchten und die entsprechende Ausbildung haben, gibt es nämlich zu wenige. Das liegt auch daran, dass die Arbeitsbedingungen sowohl in Pflegeeinrichtungen als auch in der Hauspflege sehr belastend sind. Das hat sogar – erstmals in der Geschichte – zu einem Streik bei den Sozialberufen geführt, um wenigstens eine bessere Entlohnung zu erstreiten. Gewerkschaft und Arbeiterkammer haben sich auf die Seite der Pflegenden gestellt. Eine echte Entspannung der Situation ist in weiter Ferne. Der Bedarf wird nämlich weiter steigen und die Arbeit bei alten und kranken Menschen nicht leichter.

Dem Mann, der „im Traum ein Baum" sein möchte, ist es gelungen, ein helles Zimmer in einem gut geführten Pflegeheim, einem wahrhaften Kompetenzzentrum zu bekommen. Er hat damit das Glück, nach dem immer mehr Menschen im Land streben, die in Einrichtungen wie dem Anna-Pflegeheim der Kreuzschwestern, im Aigner-Rollet-Pflegezentrum, im Robert-Stolz-Pflegeheim, dem ehemaligen Unfallkrankenhaus, oder dem Haus der Barmherzigkeit unterkommen möchten. Sie müssen oft lange Wartezeiten in Kauf nehmen. Und es werden immer zu wenig Plätze sein, die zur Verfügung stehen. Tendenz steigend. Und wer angekommen ist, muss hinnehmen, wie es ist, den oft einzigen Kontakt mit draußen über das Handy zu pflegen und auf ersehnte Besuche zu warten. Die immer zu wenig sein werden, weil Kranke und Pflegebedürftige stets wartende Menschen sind, darauf angewiesen, dass man ihre Bedürfnisse ernst nimmt und danach handelt.

Bevor der Bruder am Rosenhain unterkam, war er umtriebig und ständig unterwegs im Umfeld von Arnfels und in Graz. Sein Lebensfaden führt zurück in ein Kapitel der Schauspielkunst. Eine erfolgreiche Zeit als Schauspieler liegt hinter ihm. Seine Ausbildung genoss er an der damaligen Akademie für Musik und

„Ich war im Traum ein Baum" von Ishwara Erhard Koren.

darstellende Kunst, der heutigen Kunstuniversität Graz. Er machte sie im Umfeld einer illustren Schar von Kollegen, die allenthalben Karriere machten und beliebt waren. Zu ihnen gehörten Franz Morak, den es von der Bühne in Theatern und Konzertsälen auf jene der Politik verschlug, wo er zum Staatssekretär für Kunst und Wissenschaft avancierte, Dietmar Pflegerl, der 2007 verstorbene nachmalige Intendant von Klagenfurt, Wolfram Berger, auf vielen Bühnen und in zahlreichen Filmen noch heute präsent (der übrigens im Pflegeheim immer wieder Besuche macht), und der erfolgreiche Bernd Jeschek.

Als Schauspieler machte Erhard eine für das ganze Land und darüber hinaus spannende Zeit mit. Es waren die Tage, an denen es in Graz heftige Auseinandersetzungen über die Kunst und Kulturpolitik gab. Konservative bis reaktionäre Kräfte, geschürt von einigen Journalisten und „Spitzen" der Gesellschaft, stilisierten sie zum Skandal hoch und zu einer Gefahr für „Volk und Vaterland". Aber die Kräfte des Fortschritts und die Avantgarde unter den Künstlern gingen unbeirrt ihren Weg. Im Theater waren dies Autoren wie Wolfgang Bauer, Thomas Bernhard, Gerhard Roth, Harald Sommer und Werner Schwab. Rund um die Premiere von Bauers „Gespenster" beim „Steirischen Herbst" 1975 kam es zu einem veritablen Skandal durch Stück und Inszenierung, bei der Fritz Zecha die – fast nackte – Krista Stadler auftreten ließ. Es kam zu Antiveranstaltungen und es ging bis zu Morddrohungen gegen Autor, Hauptdarsteller und dessen Vater, den Kulturpolitiker und Öffner in die Zukunft, Hanns Koren. Thomas Bernhards „Ein Fest für Boris" unter der Regie von Axel Corti, unter anderen mit Anton Lehmann, Otto David, Alexander Grill, Bernd Jeschek und Stephan Paryla, war ein weiterer Meilenstein, vor allem aber Gerhard Roths „Lichtenberg". Die Darstellung der Hauptrolle in diesem Stück ebnete den Weg zu Hans Gratzer ans Schauspielhaus Wien und öffnete auch die Tür in die Münchner Kammerspiele, wo eine Verpflichtung als Tartuffe in Molières gleichnamigem Stück erst im letzten Moment verhindert wurde. Schönen Momenten in Wien folgten eine lange „Auszeit" in der Bhagwan-Bewegung und schließlich die Heimkehr in die Stille der Bergwelt rund um Arnfels. Der Lebensfaden war stark genug gewesen und hielt auch in der Zeit, in der es nicht mehr tragbar war, in der Einschicht allein zu leben. Max-Mell-Allee 16 in Graz ist der jetzige Verknüpfungspunkt.

22 Hektar *grüne* Lunge

Die Grazerinnen und Grazer sind seherische Menschen. Sie sehen die Probleme dort, wo sie sein könnten. Das war 1868 so, als sich Politik und Stadtverschönerungsverein daranmachten, den Stadtpark, bis heute die „grüne Lunge" von Graz, zu errichten. Damals sahen Kreise der Bevölkerung, unterstützt von einer Tageszeitung voraus, dass es „bei Dunkelheit in den Gebüschen zu Unsittlichkeiten kommen könnte, von der Gefährdung der Sicherheit ganz zu schweigen". Ein Bretterzaun entlang des Glacis wurde verlangt, um dem vorzubeugen. Der Zaun kam nicht. Und die Dinge haben sich so entwickelt, dass bei Finsternis heute wirklich Ängste auftreten und vor Dealern gewarnt werden muss. Die Sittlichkeitsgefährdung hat sich längst hinter Türen verlagert. Zwar nicht im Stadtpark, aber in zwei anderen Grünanlagen – dem Volksgarten und dem Metahofpark – mussten von der Polizei Sicherheitszonen eingerichtet werden, um die „normalen" Parkbesucher zu schützen. Eine Maßnahme, die sich von Anfang an bewährt hat.

Der Stadtpark war, wenn auch auf andere Weise, von Anfang an mit dem Militär verbunden. Als nämlich in der zweiten Hälfte des 16. Jahrhunderts die Stadt mit einer neuen, sternförmigen Verteidigungsanlage versehen wurde, legte man davor ein breites Glacis an, um dem Feind die Möglichkeit zu nehmen, sich ungesehen der Stadt zu nähern. Auf einem Teil dieses Glacis wurden Grünanlagen eingerichtet. Der größte Teil der Glacisgründe, nämlich jener zwischen Burgtor und Paulustor, befand sich im Besitz der österreichischen Finanzprokuratur und wurde dem Militär als Exerzierplatz überlassen. Der kleinere Teil, zwischen Burgtor und Wetterhäuschen, auf das Robert Hamerling von seinem marmornen Sitz hoch über den Köpfen ein wachsames Auge hat, befand sich – wie Wall und Graben – im Besitz der steirischen Stände und diente friedlichen Zwecken. Als Kaiser Josef II. im Jahr 1782 Graz zur offenen Stadt erklärte, ließen die Stände durch Landesbaudirektor Johann Heinrich Ritter von Formentini auf dem Wall vom Paulustor bis zum Eisernen Tor die sogenannte Sternallee aus Kastanienbäumen errichten, die heute noch zum Teil als Dammallee besteht. Entlang des Glacis wurde weiterhin in Staub und Morast exerziert.

Als Bürgermeister Moritz Ritter von Franck, der zum Glück direkt am Glacis, nämlich im Palais Kees an der Ecke zur Elisabethstraße, wohnte, 1867 erfuhr, dass das Finanzministerium die Absicht habe, die Glacisgründe parzellieren und verbauen zu lassen, war für ihn die Zeit gekommen, zu handeln. Er setzte alles daran, um die Glacisgründe für die Gemeinde kaufen zu können. Die ersten Kontakte mit den Militärs zeigten, dass diese nicht abgeneigt wären, wenn man einen geeigneten Ersatz für den Exerzierplatz zur Verfügung stellen könnte. Der war im Feliferhof, nahe Wetzelsdorf, bald gefunden. In einer Note vom 18. Februar 1868 drückte das k. k. Militärkommando offiziell seine Bereitschaft aus, die Gründe abzutauschen. Schon am 25. Februar 1868 stimmte der Gemeinderat zu. Nun galt es, Wunsch und Absicht in Wien durchzusetzen. Dort hatte Franck in Anton Graf Auersperg, als Dichter Anastasius Grün genannt, einen kämpferischen Bundesgenossen. Der teilte bald mit, dass er alle Hebel in Bewegung gesetzt habe, nur mit Finanzminister Prest noch kein Gespräch gehabt zu haben. Aber so schrieb er an den Bürgermeister: „Auch er wird seinem Schicksal nicht entgehen. Übrigens habe ich die hier anwesenden Stadtgenossen Kaiserfeld, Gleißpach usw. angesungen, auch ihrerseits für eine so gute Sache das Möglichste zu tun."

Der Stadtparkbrunnen im Gegenlicht.

Dann dauerte es bis Oktober 1868, als das Militärkommando dem Bürgermeister mitteilte, dass verfassungsrechtlich keine Bedenken gegen eine Übergabe der Glacisgründe an die Stadt bestünden. In Graz war alles vorbereitet. Am 20. November erschien im Reichsgesetzblatt Nr. 150 das entsprechende Gesetz, in dem es hieß: „Die sogenannten Glacisgründe in Graz werden der Stadtgemeinde gegen Bereitstellung eines für militärische Zwecke voll geeigneten Schießplatzes zur Anlage eines öffentlichen Parks gegeben. Auf demselben darf außer einem Kursalon ohne Zustimmung der Stadtgemeinde kein anderes Gebäude je errichtet werden." Noch vor Jahresende war alles unter Dach und Fach. Anfang 1869 wurde der Stadtverschönerungsverein gegründet, dem Moritz Ritter von Franck vorstand und der sich um die Ausstattung des Parks annahm. Im folgenden Jahr schenkten die Stände die Dammallee und andere kleine Teile des Glacis der Stadtgemeinde, die einbezogen werden konnten. Mit aller Kraft wurde gegraben, umgestaltet und neu bepflanzt, um dem Stadtpark jene Gestalt zu geben, die er im Großen und Ganzen immer noch hat. Fünf Jahre später gelang es, ein besonderes Highlight zu erwerben. Ein Jahr nach der Weltausstellung in Wien 1873 konnte der Stadtparkbrunnen, der dort als Mittelteil einer dreiteiligen Brunnengruppe gestanden war, angekauft werden. Wo sich die beiden kleineren Seitenteile befinden, ist unbekannt. Irrtümlicherweise wird immer wieder behauptet, sie stünden auf der Place de la Concorde in Paris. Das sind aber nur entfernte Vorfahren mit gewissen Ähnlichkeiten.

Just zu diesem Zeitpunkt traten die Grazer Geldinstitute auf den Plan. Sie taten das, womit sie noch heute vieles in der Stadt ermöglichen, was aus öffentlichen Mitteln nicht finanzierbar wäre: Musik, Theater, Wissenschaft und bildende Kunst werden durch wohlverstandene Sponsoringmaßnahmen gefördert. Die Steiermärkische Sparkasse stellte zum 80. Geburtstag des Bürgermeisters 25.000 Gulden zur Verfügung, wobei die Zinsen aus dieser Stiftungssumme für die Erhaltung des Stadtparks dienen sollten. Das ging allerdings nur bis 1922 gut. Die Stiftung war bis auf drei Kronen geschrumpft und wurde gleich gemeinsam mit dem Verschönerungsverein aufgelöst. Die 22 Hektar große „grüne Lunge" der Stadt wird seither von der Stadtgemeinde mit hohem Kostenaufwand gestaltet und gehegt, damit den Besuchern ein buntfarbiger, atmungsaktiver Erholungsraum erhalten bleibt. Eine Schar von Büsten und Statuen Prominenter bevölkert den Stadtpark – neben dem reichen Blumen- und Pflanzenschmuck. Dem aufmerksamen Besucher des Parks entgeht es nicht, dass die Kunstwerke aus Bronze das ganze Jahr über zu betrachten sind, während den Marmorstatuen im Spätherbst graue Mäntel aus Holz angezogen werden, um sie vor der Kälte des Winters zu schützen.

Der Stadtpark ist Herz und Zentrum des grünen Graz, das diese Bezeichnung zu Recht verdient. Es sind nämlich über 9900 Hektar oder rund 70 Prozent der Stadtfläche von Grün bedeckt. Davon sind rund ein Drittel Wald, die Hälfte entfällt auf die Landwirtschaft, und ein gutes Viertel machen die privaten Gärten aus, vom Schrebergarten bis zu den Grünanlagen der riesigen Häuserblocks, vor allem der Gründerzeit. Immerhin 200 Hektar sind im öffentlichen Besitz, also Parkanlagen. Außer dem Stadtpark die wohl prominenteste: der Schloßberg. Seine Begrünung begann nicht, wie vielfach angenommen, mit der Versetzung des Franz Ludwig Freiherr von Welden als Divisionär nach Graz, sondern wesentlich früher. Nach der Schleifung vieler Basteien im Jahr 1809 sollte der „Trümmerhaufen Schloßberg" nach dem Willen Wiens wieder als Gefängnis adaptiert werden. Die hohen Kosten schreckten den Kaiser schließlich ab, und der Berg teilte mit seinen Festungsresten eine Zeitlang das Schicksal des Kolosseums in Rom und der Villa Hadriana in Tivoli. Er „diente" als „Stein-bruch" für verschiedene Bauten in der Stadt. Dann wurde er vom Hof in Wien „ganz oder parzelliert" zum Kauf angeboten. Das Land Steiermark bewarb sich auf Betreiben von Landeshauptmann Ferdinand Graf Attems, der schon Begrünungspläne wälzte. Im Jahr 1818 erhielt es tatsächlich den Zuschlag. Sofort wur-de mit der Planung der Umgestaltung begonnen. Aus Geldmangel blieb aber so gut wie alles beim Alten. Bis Feldzeugmeister von Welden auftauchte. Er war nicht nur ein Meister im Gestalten. Er war auch ein Könner im Beschaffen von Geld. Ihm gelang es, jene 30.000 Gulden aufzutreiben, die es brauchte, um in Grundzügen dem Berg jene Gestalt zu verleihen, die man heute noch genießen kann. Eine ständige Auf-wertung des Schloßbergs durch neue Einrichtungen trägt dazu bei. Gute Straßen, die Schloßbergbahn, der Lift im Berg und eine gepflegte Gastronomie.

Der 1560 in seine heutige Form gebrachte Uhrturm, das Wahrzeichen der Stadt, führt zurück in histori-sche Dimensionen. Dazu gehört die Frage nach der ältesten Gartenanlage der Stadt. Und das ist nicht der Stadtpark, nicht der Schloßberg und auch nicht der Park von Schloss Eggenberg. Es ist der Garten des Bischöflichen Ordinariats zwischen Mesnergasse und Bischofplatz. Jetzt als reiner Nutzgarten verwendet, bestand er bereits 1218 und reichte im Süden bis zur Stadtmauer. Der älteste noch existierende, wenn auch ebenfalls „geschrumpfte" Park von Graz ist der Burggarten zwischen Burg und Schanzgraben. Er wurde 1568 von Erzherzog Karl von Innerösterreich in Auftrag gegeben und erstreckte sich zum Leechfeld. Das trug dem Park die Bezeichnung „Hofgarten an der Lee" ein. Der auf der Bastei befindliche Teil wurde nach der Übersiedlung des Hofes nach Wien im Jahr 1619 praktisch nicht mehr genutzt. Erst 300 Jahre später wurde er von der Landesregierung allen Grazerinnen und Grazern zugänglich gemacht. Die Orangerie im Garten wurde gegen Ende des 20. Jahrhunderts restauriert und steht nun als Kulturraum zur Verfügung. Der Burggarten war ursprünglich als Barockgarten nach streng geometrischen Prinzipien angelegt. Erst später wurde er, der Mode entsprechend, dem freien englischen Stil angepasst.

Graz und die Grazerinnen und Grazer dürfen sich über das viele Grün und die herrlichen Parkanlagen glücklich preisen. Welche Stadt hat schließlich die größte gut erhaltene Altstadt, ausgedehnte Gründerzeitviertel und um die Stadt herum einen Grünraum, der in die Stadt hereinwächst. Dort vereinigt er sich mit dem Schlosspark von Eggenberg, dem Rosenhain mit Jesuitenrefektorium und Luschinschlössl, dem Ruckerlberg mit dem Hallerschloss, dem Leechwald, dem Metahofpark beim Bahnhof, dem Volksgarten, dem Felix-Dahn-Park und vielen kleineren Parkanlagen zu einer grünen Symphonie. Es tut gut zu wissen, dass zu ihrem Weiterklingen alles getan wird, wozu sicher beiträgt, dass die Stadt in den letzten Jahren 692.000 Quadratmeter Grünfläche angekauft hat.

Venezianisches **Finale**

Gerhard Balluch weiß zu berichten, dass er manchmal mit seiner Frau zum Essen nach Venedig gefahren ist und am Abend wieder in Graz war. So nahe ist die Serenissima. Die letzten Bilder, die Gerhard Lojen auf dieser Erde geschaffen hat, sind im Weißgrau verschwimmende Linien und Flächen, auf denen die Stadt und ihre Lagunen nur noch zu erahnen sind. So zerbrechlich ist Venedig. An stillen Kanälen haben steirische Künstler wie Peter Pongratz und Robert Zeppel-Sperl Behausungen gefunden. So wohnlich kann Venedig sein. Und anziehend für den Kunstschaffenden, der nur kurz kommen kann.

So Eduard Hänggi, der „Magier vom Rosenhain", an seinem Lebensabend, mit einer Gruppe von Künstlern. Die Szene erinnert an Edgar Allen Poe. Der kleine, bärtige Mann eilt nach einem schweren Gewitter, das Venedig heimgesucht hatte, über den menschenleeren Markusplatz, auf dem noch das Wasser steht. Die Tauben sind noch nicht zurück von ihrer Flucht vor dem niederfetzenden Regen. Nach der Zuflucht in einer

Der Markusplatz aus der Luft.

übervollen Bar ist Hänggi, begleitet von Branko Lenart, auf dem Weg zurück ins Hotel „Europa e Regina" am Canal Grande. Er presst sein nass gewordenes Sakko an den Körper und geht eilig, als befürchte er, dass das Gewitter wiederkommt. Ein seltsames Geräusch geht von ihm aus. Es ist ein Quietschen und Knacken, das über den leeren Platz hallt. Bei jedem seiner Schritte. Er merkt es nicht und will, dass seine jungen Kolleginnen und Kollegen schneller gehen. Sie wissen, dass das makabre Geräusch von seiner Beinprothese ausgeht, die er gerade wieder einmal zu ölen vergessen hat.

Wenig später umfängt das Hotel mit seiner wohligen Atmosphäre die „Wetterflüchtlinge". Sie sind von der Rückseite ins Haus gekommen und durch das riesige Foyer bis zur Terrasse auf den Canal Grande hinausgeeilt. Dort genießt man die wiedergekehrte strahlende Sonne, die wie immer nach einem Gewitter ein besonderes Licht erzeugt. Man schaut hinüber nach Santa Maria della Salute. Der gemütliche Platz mit Tischchen und bequemen Sesseln reicht hinaus ins Wasser. Es ist, als könnten Vaporetti, Motorboote und Gondeln zwischen die Sitzgelegenheiten geraten.

Besondere Szene am Abend. Beim Essen, in einem vom Geklirr der Bestecke und verführerischen Düften dominierten Ambiente, geraten nach dem Dessert Jörg Schlick und Peter Pongratz aneinander. In der Auseinandersetzung geht es um die Frage der Messbarkeit künstlerischer Größe. Jörg Schlick vertritt den Standpunkt, dass nur der Künstler selber seine Bedeutung ermessen könne und das Echo aus der Gesellschaft eigentlich uninteressant sei. Pongratz widerspricht vehement. Das Feedback aus professioneller Kritik und die Akzeptanz durch das Publikum seien eine Frage des Überlebens. Jeder Künstler wolle verkaufen und anerkannt werden. Ausgang: Unentschieden!

Eine Auseinandersetzung der anderen Art. Zu einer anderen Zeit. Auf der Biennale, zu der Landeshauptmann Krainer Gottfried Fabian und seine Frau Emma, Günter Waldorf, Gisela Grill und Michael Fleischhacker als Vertreter der „Kleinen Zeitung" eingeladen hatte, kommt es im Pavillon der Nationen zu einem verbalen Schlagabtausch zwischen ihm und dem Leiter der Biennale. Achille Bonito Oliva ist eigens für die Steirer aus Neapel angereist. Er will unbedingt selber durch „seine" Biennale führen, in der diesmal Joseph Beuys im Zentrum steht. Seine Installation „Schwebende Haltestelle" ist der Anziehungspunkt. Andere Beiträge, die sich mit der Vergänglichkeit beschäftigen, treten in den Hintergrund. Die Biennale hat ihren Star.

Zwischen Krainer und Oliva kommt es zu einem in perfektem Italienisch geführten Gespräch über den zukünftigen Weg der Kunst. Die beiden Disputanten werden in der Hitze des Gefechts immer lauter, und bald ist es wie in einem Stadion. Die Zuhörenden teilen sich in zwei Gruppen, die bald den einen und dann wieder den anderen durch Zurufe unterstützen oder bekritteln. Italienische Fußballatmosphäre in Sachen Kunst, ohne bleibendes Ergebnis. Überleitend zu einer anderen Auseinandersetzung. Am Canal Grande fordert Peter Weibel das Publikum. Er hat ein niedriges Gebäude gemietet und zum Wasser hin dessen Mauer aufgebrochen. Durch das Loch ragt ein Laufband, auf welchem durch Videoinstallation die Namen alle jener Österreicherinnen und Österreicher „entsorgt" werden, die auf der Flucht vor politischen Regimen das Land verlassen mussten. Oder die ermordet wurden. Im Inneren des schummrigen Gebäudes werden ihre Namen permanent von Stimmen vorgetragen, die an Rosenkranz Betende erinnern. Bedrückend und nachdenklich machend.

Hohe Glaskunst in Murano.

Eine andere Dimension: mit dem Öffi, in Venedig dem Vaporetto, auf dem Weg zu den Inseln Murano, Burano und Torcello. Zwischenstopp gleich auf der ersten. Die Wogen des Glastourismus tragen durch die Gassen, die Kanäle entlang. Aus den Auslagen lockt Muranoglas in allen Größen, Farben und Formen. Zu einem guten Teil liebenswerter Kitsch. Mittendrin, neben einer kleinen Brücke die Überraschung. Es ist eine kleine Galerie mit modernen Glaskunstwerken. Berengo steht neben dem Eingang, und im Hintergrund ist eine Glasskulptur zu sehen, deren Formensprache bekannt erscheint. Die Galerie wird „gestürmt", und man steht vor einer farbig leuchtenden Arbeit von Robert Zeppel-Sperl. „Fußvogel" heißt das Kunstwerk, und es fasziniert so, dass es erworben wird und später seine Reise in die Kunstsammlung der Wirtschaftskammer Steiermark antritt. Den Künstler hätte es gefreut, wenn er noch erleben hätte können, dass zu seinem guten Bild auch seine Glaskunst kommt. Er hat sie mit Adriano Berengo gemeinsam entwickelt. Schon im Jahr 1989 hatte sich Berengo bewusst vom Glastourismus abgesetzt und mit seiner Berengo Collection die erfolgreiche Zusammenarbeit mit Künstlern der Welt aufgebaut. Der Besuch der Produktionsstätte in einer riesigen Glasbläserei bringt unter anderem die Begegnung mit Arbeiten von Kiki Kogelnik, deren „Köpfe" einen ganzen Raum dominieren. Der Faden zu Berengo ist seither nicht abgerissen und verbindet über die Publikationen der Collection mit der Entwicklung der Glaskunst rund um den Erdball.

Von den Inseln auf dem Rückweg in die Stadt ein Halt in San Michele, der großen Friedhofsinsel von Venedig. Seit dem 13. Jahrhundert steht hier ein Kloster mit einem schönen Kreuzgang, und im Jahr 1804 ist hier der Friedhof angelegt worden. Er wurde 1873 zur heutigen Größe erweitert. Der Friedhof mit verschiedenen Grabformen ist in Bereiche untergliedert, die verschiedenen Menschengruppen zugeordnet sind. Die Kunst begegnet einem massiv in einem Zwischenbereich von San Michele. Ehrfürchtig steht man vor dem Grab Igor Strawinskys, der eine starke Bindung an Venedig hatte. Joseph Brodsky, der russische Dichter und Nobelpreisträger, beschreibt in seinem Venedigbuch „Das Ufer der Verlorenen" eine besonders liebenswerte Begegnung mit dem Komponisten: Eine der großen Kunstförderinnen der Lagunenstadt hatte zu einem abendlichen Konzert geladen, bei dem sie selber als Geigenvirtuosin auftrat. Als sie ein besonders kompliziertes Stück von Vivaldi spielte, kam sie in die Situation, dass sie wegen der Schwierigkeit des Spiels die Noten nicht umblättern konnte. Als sie der Stelle, an der dies notwendig gewesen wäre, näher kam, wurde sie sichtlich nervöser. Als es so weit war, tauchte neben ihr die Hand eines eleganten Herrn auf, der für sie umblätterte. Der elegante Herr war Igor Strawinsky.

Ganz nahe ist der Ballettimpressario Sergei Diaghilew bestattet, an dessen Grab Ballettgrößen aus aller Welt, unter ihnen auch Rudolf Nurejew, ihre Tanzschuhe als bleibenden Gruß abgelegt haben.

Auf Sichtweite mit diesen Gräbern liegt Joseph Brodsky, der sich nach seinem Tod in New York nach Venedig bringen ließ, weil ihm die Stadt so viel bedeutete. Im Zentrum seines sehr schlichten Grabes, auf dessen Stein nur sein Name steht, befindet sich ein überdimensionierter Blumentopf aus Marmor. In dieses Gefäß legen verehrende Leser des Dichters Kugelschreiber, Füllfedern und Bleistifte als würdigen Blumenersatz. Brodskys Grab führt nach Kritzendorf an der Donau. Dort hatte er nämlich – nach seiner Ausbürgerung aus der Sowjetunion 1972 in Österreich angekommen – die erste Nacht im Hause von Ernst Trost verbracht, der sich hier ein Sommerdomizil geschaffen hatte. Später kümmerte sich der amerikanische Poet W. H. Auden um den Russen und leitete seine Auswanderung nach den USA in die Wege. Das Haus in Kritzendorf wurde Ernst Trost indirekt zum Verhängnis: Der Journalist, Buchautor, Weltenbürger und Humanist ertrank nämlich hier in der Donau. Seltsam, wie sich Kreise schließen und Lebensfäden für immer halten.

Stadt der Künstler
und Gelehrten

„Ich brauche zum Schreiben eine Stadt, die innerlich
kocht, also New York oder Graz", postulierte Wolfgang
Bauer, der erfolgreichste Dramatiker der Stadt. Seit
2005 liegt er neben Jochen Rindt in einem Ehrengrab
der Stadt auf dem Zentralfriedhof. „Graz ist ein Nest",
sagen hingegen viele in der Bundeshauptstadt, die
auf das grüne Herz der Steiermark herunterschauen.
Auch mancher Grazer neigt zu dieser Anschauung
und glaubt damit zu zeigen, welch Weltbürger er ist.
Der Wiener H. C. Artmann hat das nie gesagt, obwohl
er sich oft und gerne hier aufgehalten hat. Der wichtige Weltdichter hat durch seine Art, durch den Stadtpark zu schlendern, im Forum Stadtpark zu lesen, mit
jenen zusammen zu sein, mit denen man sich eines
Sinnes weiß, mit ihnen gemeinsam zu reden und zu
schweigen oder zu trinken, bewiesen, dass „Nest"
auch behütet bedeuten kann, behütet und aufgehoben an einem Ort, von dem aus gedacht, gedichtet,
hinterfragt und erneuert werden kann, weil es in ihm

im Bauerschen Sinn kocht und weil er klein genug ist, um jeden zu kennen und erkannt zu werden, und groß genug, um sich unsichtbar zu machen. H. C. hat vor Ort gefühlt, was Dichter, Maler, Bildhauer, Komponisten, Musiker, Fotografen, Sänger, Schauspieler, Medienkünstler, aber auch Gelehrte schon viel früher empfunden haben. Es muss ja einen Grund haben, dass sie hierhergekommen und geblieben oder zumindest immer wieder gekommen sind, auch wenn ihnen anderswo bessere Möglichkeiten geboten wurden. Das war schon zu Zeiten eines Anastasius Grün, eines Robert Hamerling und eines Peter Rosegger so, zu einer Zeit des Architekten Hauberrisser, der Maler Zoff, Damianos und Thöny, der Musiker und Komponisten Wilhelm Kienzl, Robert Stolz und Karl Böhm so. Graz war, mit einer längeren Atempause, geistiges Zentrum und kultureller Hintergrund, vor allem zu der Zeit vor nun schon wieder 60 Jahren, als der neue Aufbruch in Kunst und Kultur mit dem „Steirischen Herbst" und dem Forum Stadtpark Fenster und Türen aufstieß für den frischen Wind des Neuen. Graz ist noch immer „Nest" im guten Sinn für alle, denen das Leben mehr bedeutet als Befriedigung der Grundbedürfnisse.

Ein Spaziergang durch die Stadt zur Zeit der Jahrtausendwende möge das beweisen. Er sei beim Rathaus begonnen. Von da geht es durch die Herrengasse hinüber in die ehemalige „Fleet Street" von Graz, die Stempfergasse. Dort kommt Gerhard Roth aus der Buchhandlung, die es nicht mehr gibt. Er könnte einen Packesel gebrauchen. Nur ein paar Schritte weiter, etwas langsamer geworden und nicht mehr so gehetzt wie früher, kommt der „Dichtervater" Alfred Kolleritsch gegangen, von seinem Zuhause in der Bürgergasse auf dem Weg ins „manuskripte"-Büro. Nur Meter von ihm entfernt taucht der Autor Klaus Hoffer auf, Stütze und Hilfe für die Gattin beim Einkauf. Von der Stempfergasse in die Sporgasse hinübergewechselt, trifft man auf Herwig von Kreutzbruck, den Poeten vom Rosenhain, der mit gerötetem Gesicht vor sich hin redet. Irgendetwas über seine verstorbenen Kollegen Gunter Falk, Klaus Schöner und Werner Schwab, die zu Lebzeiten immer wieder hier anzutreffen waren. Unmittelbar hinter ihm geht der Rektor der Musikuniversität, Otto Kolleritsch, wahrscheinlich auf dem Weg zu einem Treffen mit einer wichtigen Größe des Musiklebens. An der Ecke zur Hofgasse huscht Günter Eichberger herbei, auf der Suche nach einem Thema für seine Kolumne. Wenig später schreitet Andrea Wolfmayr einher, die es von der Dichtkunst in die Politik, besser gesagt ins Parlament verschlagen hat und die sich vermutlich schon

Noch einmal Venedig: einsam im Sturm auf dem Lido.

fragt, was sie dort noch hält, in diesem Gremium, in dem mit dem Wort oft unvorsichtig bis beklemmend umgegangen wird.

Am Ende der Sporgasse, beim Luegg, plaudern der Pianist Markus Schirmer und der Mime Wolfram Berger vielleicht schon über ein Nachfolgeprojekt ihres Erfolgsabends „Engel im Kopf". Von der Sackstraße her eilt mit wallendem Haar und ein Rollenskriptum unter dem Arm der Bühnenstar Gerhard Balluch, während der Universalkünstler Joachim Baur unterwegs zu seiner „Werkstatt" mitten in der Sporgasse den Weg von Günter Brus kreuzt und vor lauter Grüßen beinahe mit Gerti Pall und Otto David kollidiert, die vom Schauspielhaus kommen. In der Herrengasse nimmt die Zahl der Kunst- und Kulturschaffenden merklich noch zu. Gregor Traversa, der Schöpfer surrealistischer Landschaften, und der Maler Fritz Panzer und wieder ein Architekt, nämlich Klaus Kada. Aus der Hans-Sachs-Gasse taucht Altlandeshauptmann Dr. Josef Krainer auf, ins Gespräch vertieft mit dem Forum-Stadtpark-Mitbegründer und Maler, Günter Waldorf, der ihm vermutlich eines seiner neuen Projekte unterbreitet. Am Tummelplatz diskutiert der Architekt Michael Szyszkowitz mit seiner Frau, der Architektin und Künstlerin Karla Kowalski. Sie schauen dabei zum Akademischen Gymnasium hinüber, an dem neben Alfred Kolleritsch lange Zeit auch der Maler Hartmut Urban unterrichtet hatte, der viel zu jung gestorben war.

Am Bischofplatz, auf dem es etwas ruhiger zugeht, taucht der Musikus, Priester und Manager Johann Trummer auf, der auch in der Medienszene rund um die Schönaugasse die Fäden zieht. Wahrscheinlich auf dem Weg zu seinem Chef, dem Bischof Egon Kapellari, dem Kunstkenner und -förderer. Gleich bei der Ecke zum Frankowitsch gibt Wolfgang Bauer einer Gruppe von Dichtern Geschichten aus dem Leben preis, die offenbar sehr heiter sind. Dem Delikatessengeschäft gegenüber ist Malertreff. Mata Wagnest, Gustav Troger und Michael Kienzer sind hier zufällig zusammengetroffen. Mit eiligen Schritten nähert sich ihnen der nach Wien abgewanderte Martin Kaltner, der wieder einmal in Graz weilt. Durch die Abraham-a-Santa-Clara-Gasse herunter kommen die beiden Galeristen Eugen Lendl und Benedikt Steinböck, die auf ihre Kollegin Dr. Schafschetzy treffen, die in ihre Galerie eilt. Am Glockenspielplatz erscheint Emil Breisach, der Mentor der Kulturszene, die obligate Zigarette in der Hand. Gemeinsam schauen sie hinüber zur Kalmusstube der Haring, in der in guten Zeiten

Größen wie H. C. Artmann, Gerhard Rühm, Michael Scharang, Helmut Eisendle und Ernst Jandl dem bitteren Kalmus zusprachen und die Welt neu erfanden. Von der Innenstadt mit der Straßenbahn hinaus nach Maria Grün, wo am Anton-Wildgans-Weg der Doyen der Grazer Dichter, Alois Hergouth nach langen Jahren des Leidens in seiner „Höhle" in der Moserhofgasse liebevolle Aufnahme gefunden hatte. Bilder seiner malenden Freunde, die sie ihm geschenkt haben, umgeben ihn und begleiten auf dem Weg der Erinnerungen zum Kreativtopf Graz, in dem er gemeinsam mit vielen kräftig umgerührt hatte.

Der Bummel in die Vergangenheit mit allen seinen Begegnungen und der Blick in die Gegenwart der vitalen Kulturstadt Graz, die unter Siegfried Nagl für ein neuerliches Klima des Aufbruchs steht, machen deutlich, dass ohne das Potenzial der Künstlerinnen und Künstler und deren Bereitschaft zu bleiben, so manches Licht ausginge und alle Kulturjahre und Einrichtungen von Beiräten und die Beiziehung von Beratern aus allen Ecken der Welt ins Leere gingen. Ein Klima der kulturellen Offenheit und Bereitschaft, auf das Neue einzugehen, gibt es nämlich nur gemeinsam mit den Künstlern und Denkern, die das Klima jeder Stadt prägen. Von ihnen trifft man heute mit ein bisschen Glück auf die Literaten Valerie Fritsch, auf Ferdinand Schmalz, den bereits in lichten Höhen wandelnden Clemens Setz oder auf die bildenden Künstler Markus Wilfling, Joachim Baur oder Günter Brus, wenn er wieder einmal durch die Stadt eilt. Günther Holler-Schuster, den Künstler und vielgefragten Kurator, treibt es manchmal noch in die Nähe seiner alten Wirkungsstätte, der Neuen Galerie, die von der Sackstraße ins Joanneumsviertel in der Neutorgasse übersiedelt ist. Kunst und Künstler haben an vielen Orten weiter ein fruchtbares Leben auf dem Humus des Geistes von Graz.

Die Trapps *und die* Beatles

Die Lebensfäden, die nach Salzburg führen, sind lang, stark und verknotet. Sie nehmen ihren Anfang im ersten Drittel des vorigen Jahrhunderts und führen in eine prächtige Villa in Aigen, die heute als Hotel dient. Es ist die Villa Walburga, wie sie nach ihrer Errichtung hieß und die später nach ihren Bewohnern Trapp-Villa genannt wurde. Ritter Georg Ludwig von Trapp, der als U- Bootkommandant 1915 im Ersten Weltkrieg den Panzerkreuzer Léon Gambetta versenkte und der Maria-Theresien-Ordensträger war, wohnte hier mit seiner Familie von 1923 bis zur Auswanderung nach Amerika 1938. In dieser Zeit klang das Haus oft und schön auf von den Liedern, die von der Familie gesungen wurden und sie zu einem Chor zusammenwachsen ließ, der später Weltruhm erlangte. Das schöne Haus in Schönbrunngelb leitet die Touristenströme Salzburgs nach Aigen um, weil die Menschen noch immer die Originalplätze sehen wollen, an welchen die Trapps gelebt haben.

Im Jahr 1932 zog der junge Volkskundler Hanns Koren aus Graz, der die Chance bekommen hatte, in Salzburg ein Institut für religiöse Volkskunde aufzubauen, zu ihnen in die Villa. Das Institut entstand im Zentrum Salzburgs in Räumen, die auf der einen Seite direkt auf den Domplatz hinausgingen. So konnte der junge Grazer von seinem Arbeitszimmer aus große Zeiten des „Jedermann" mit Alexander Moissi, Paul Hartmann und 1935 sogar noch Attila Hörbiger in der Titelrolle miterleben. Schon damals pflegte er Verbindungen zu Otto Müller, der 1937 seinen Verlag gründete. Sie trugen dazu bei, dass sein ältester Sohn in der Salzburger Kollegienkirche gefirmt wurde. Als Firmpate stand an der Seite des Mittelschülers aus Graz Otto Müller, inzwischen zum Verleger von Giovanni Guareschi geworden, der durch seine satirisch-politischen Bücher über „Don Camillo und Peppone" in aller Welt für riesige Auflagen sorgte. Die Anreise zur Firmung war mit der Eisenbahn erfolgt, hatte nicht weit vom Salzburger Bahnhof im Hotel „Markus Sittikus" geendet, damals ein bescheidenes, aber sehr gepflegtes Haus, in dem gern Gäste aus der Steiermark abstiegen. Von da ging es einmal auch hinüber nach Mülln ins Augustiner Bräu Stübl, ein Ort, an dem das Bier aus gewaltigen Tonkrügen getrunken wird und der die Bezeichnung „Stübl" etwas irreführend trägt. Hundertschaften von Gästen genießen hier nämlich in mächtigen Hallen, verbunden durch Gänge, in denen Köstlichkeiten zum Speisen angeboten werden. In der warmen Jahreszeit geht es hier etwas ruhiger zu, weil sich das Gros der Gäste im Gastgarten einfindet, wo es unter Schatten spendenden Kastanienbäumen gut sein ist. Im Zentrum ein großer runder Tisch, um den sich die älteren Salzburger Herren gerne zusammensetzen und mit ihren Spazierstöcken unter dem Tisch so manche Maß die Kehle hinunterrinnen lassen.

Wieder eine Zeit weiter, in den ersten 60er-Jahren, Besuch der Salzburger Hochschulwochen, einer hochkarätigen wissenschaftlichen Veranstaltung mit wichtigen Vorträgen von Wissenschaftlern, Politikern und manchmal auch Unternehmern. Die Hochschulwochen, 2019 unter dem Titel „Die Komplexität der Welt und die Sehnsucht nach Einfachheit", können durchaus mit dem Forum Alpbach in einem Atemzug genannt werden. Den Salzburgern sind durch ihre Hauptsponsoren, die Deutsche Bischofskonferenz, die Österreichische Bischofskonferenz und das Land Salzburg, politische Scharmützel erspart geblieben, wie sie im Jahr 2018 den Alpbachern durch das Abspringen wesentlicher Sponsoren beschert waren.

Eine glückliche, auch lang zurück wurzelnde Fügung hatte die Verbindung zum Salzburger Landesamtsdirektor Schober, einem engen Mitarbeiter der Landeshauptleute Lechner und Klaus, und damit zur Erlangung begehrter Festspielkarten gebracht. Das bescherte Sternstunden wie die Premiere des „Don Giovanni" unter Herbert von Karajan. Eberhard Wächter, der so früh Verstorbene, sang und spielte den Don Giovanni und Walter Berry den Leporello. Nicolai Gedda, Graziella Sciutti und Giuseppe Zampieri waren in der Premierenbesetzung, in der die grandiose Leontyne Price die Donna Anna gab. Ins Landestheater lockte die „Dame Kobold" mit dem urkomischen Dienerduo Peter Weck und Otto Schenk, die eine von feinem Humor bestimmte Darstellung ablieferten. Zwischen den Vorträgen bei den Hochschulwochen Spaziergänge durch die Altstadt und der Salzach entlang, jedes Mal mit Blick auf die Bazar-Terrasse, auf der die Stars der Festspiele, unter ihnen Hans Moser, Josef Meinrad, die Price und Eberhard Wächter, ihren Kaffee tranken und in den Zeitungen blätterten.

Dann 1965. Zwei Tage nach der Hochzeit wieder Salzburg, im damals noch etwas bescheideneren und zum Teil sehr abgewohnten Hotel „Stein", aber schon mit dem grandiosen Ausblick von der Terrasse auf die

Stadt, die wie eine Kulisse wirkt. Edlen Schmuckstücken gleich fügen sich die Fassaden der alten Häuser aneinander, bekrönt von der schimmernden Festung Hohensalzburg, der Verkehrsstrom weit weg, auf der anderen Seite der Blick auf die Bauwerke der Salzach entlang bis nach Mülln mit seiner hoch aufragenden Kirche. Gleich am ersten Morgen ein frugales Frühstück im Café Bazar, das ausnahmsweise ganz leer ist. Ein behäbiger Ober bedient im wahrsten Sinne des Wortes. Er gehört sichtlich zu jener Alterskategorie, die von berufsbedingten Rücken- und Beinschmerzen gequält ist, aber nie Unmut zeigt. Ein besonderer Vertreter dieser Menschengruppe war schon Jahre davor auf der Festung Hohensalzburg ins Leben getreten. An einem lauen Sommerabend mit Freunden war dort ein Ober von besonderem Format im Dienst. Er erschien wie eine Gestalt aus einem Theaterstück, fragte nach unseren Wünschen und blieb dann stumm abwartend stehen. Dann nahm er unsere Bestellung von kühlendem Bier entgegen, verschwand im Hintergrund und servierte eine Flasche Champagner. Auf den Einwand, dass man das nicht bezahlen könne, meinte er gelassen: „Das lassen Sie nur meine Sorge sein. Das zahlt der Herr, der im Stock darunter einen Empfang gibt. Dem wird es sicher nicht abgehen." Er blieb noch eine Weile stehen, schaute auf das funkelnde Lichtermeer der Stadt und sagte ansatzlos: „Ja, ja, meine Verehrten. Unser Herr Jesus Christus hat viel mitgemacht auf dieser Erde. Aber eines ist ihm erspart geblieben: Er war nie Oberkellner auf der Hohensalzburg."

Das Bild dieses unikalen Menschen vor Augen passierte etwas, was das normale Raum- und Zeitgefüge etwas durcheinanderbrachte. Die Tür fliegt auf, und herein schreiten vier Herren mit „Gefolge". Sie haben Zylinder auf dem Kopf, tragen lange weiße Seidenschals und über ihren eleganten dunklen Anzügen wallende schwarze Umhänge. An den Füßen haben sie verfremdende Skischuhe. Die vier Herren blödeln in gepflegtem Englisch, trällern immer wieder bekannte Melodien und führen freundliche Konversation von Tisch zu Tisch. Aufgeregte Feststellung: Es sind die leibhaftigen Beatles in ihren Kostümen vom Filmdreh in Obertauern, die hier eine wohlverdiente Pause einlegen. John Lennon, George Harrison, Paul McCartney und Ringo Starr. Nicht die geringsten Staralüüren sind zu bemerken. Das nicht touristische Benehmen der einzig anderen Anwesenden, aus der normalen Welt sozusagen, und die ausbleibenden Autogrammwünsche machen eine normale Unterhaltung möglich. Es ist noch nicht Selfie Time, und der mitgeführte „normale" Fotoapparat bleibt auch in der Bereitschaftstasche. Einfach zusammensitzen und den Augenblick aufsaugen. Als John Lennon 1980 ermordet wird, Trauer um einen, den man selber getroffen und gesprochen hat. Irgendwo doch das Bedauern, dass man damals im Bazar nicht doch die Idee hatte, alle vier um ein Autogramm zu bitten, was 15 Jahre später nicht mehr möglich wäre. Aber der gemeinsame Aufbruch aus dem Kaffeehaus und die freundlich winkenden Gestalten sind mehr wert.

Der nächste Salzburger Lebensfaden führt vor die Stadt ins Schloss Söllheim in Hallwang zu den Gruchmanns, denen Schloss und „Pfefferschiff", das renommierte Restaurant und Anziehungspunkt für viele Festspielgäste und Akteure, gehören. Herzliche Aufnahme durch Johannes und Claudia, mit denen es dann per Fahrrad in die Stadt geht, zur inzwischen glanzvollen „Stein"-Terrasse am Dach des Hotels, welches von seinen neuen Besitzern auf Hochglanz gebracht worden ist. Und einmal auf den Mönchsberg, zum Spaziergang im Grünen. Unvermittelt vorbei an einem parkartigen Garten, in dem moderne Plastiken stehen. Am Ende des Parks steht hinter einem großen Einfahrtstor das Kupelwieserschlössl, in dem Hans Widrich und seine Frau Gerheid wohnen, die aus der Familie Kupelwieser stammt, deren Großvater Franz Kupelwieser das

Schlössl gekauft hat und deren berühmte Mitglieder der bedeutende Historienmaler und Freund Franz Schuberts, Leopold Kupelwieser, und sein Sohn, der Industrielle Paul Kupelwieser, waren, der Brioni kaufte und „bewohnbar" machte.

Der jetzige Bewohner, der durch viele Jahre Pressechef und guter Geist der Salzburger Festspiele war, begrüßt den Grazer, den Freund aus den Tagen, in denen er in Graz Theologie studiert und 1964 das Afro-Asiatische Institut gegründet hat. Hans Widrich, kundiger Schlüssel zum Werk des Wolfgang Hollegha, der seinen und des Besuchers Väter in seltenen Porträts festgehalten hat. In einem Seitengebäude des Schlössls haben seinerzeit Bert Brecht und von 1979 bis 1987 Peter Handke eine Bleibe gehabt, der hier so wichtige Werke wie „Über die Dörfer" oder „Die Wiederholung" schuf.

Noch lange Weiterführung dieses Lebensfadens und Wiederholung vieler Momente zwischen einem Weißwurstessen bei den Standln am Platz vor der Kollegienkirche, dem Bad in der Natur auf der Schranne oder dem Genuss der Köstlichkeiten beim Weltmeister der Konditoren Fingerlos, getragen vom guten Geist, der in Söllheim 1a herrscht, sind erbeten.

Massenmord
in den Twin Towers

In der New Yorker Mariners' Temple Baptist Church, mitten in China Town, ist der 1. Oktober 1995 ein besonderer Tag. Es ist Sonntag. Mehr als 300 Schwarze und sechs Besucher aus Österreich sind gekommen, um das 200. Kirchweihfest der ältesten Baptistenkirche New Yorks zu feiern. Seit 1795 ist das schlichte Gotteshaus das religiöse Zentrum der schwarzen Glaubensgemeinde. Keiner der Besucher, die an diesem festlichen Tag zur Kirche eilen, kann ahnen, dass der Blick auf die Twin Towers, den man von hier aus genießen kann, auf einen der großen Katastrophenorte der amerikanischen Geschichte fällt. Sechs Jahre später werden nämlich Terroristen zwei große Flugzeuge in dieses Ballungszentrum der Weltwirtschaft lenken und fast 3000 Menschen in den Tod reißen.

Heute herrscht hier aber tiefer Friede, und in der Kirche erklingen Gospelsongs. Lob und Dank bestimmen den Grundton. Angeleitet von der Pastorin

Dr. Suzan D. Johnson Cook, die als erste Afroamerikanerin von Präsident Clinton mit einem hohen Orden ausgezeichnet wurde, wird gefeiert. Und gleich am Anfang geschieht etwas Besonderes. Nach den ersten swingenden Gesängen – plötzlich Stille. Vom Altar aus werden die Österreicher willkommen geheißen und aufgefordert, sich vorzustellen. Jeder wird mit Applaus bedacht und dann von allen Gemeindemitgliedern mit Handschlag begrüßt. Man fühlt sich sofort daheim, mitten im tosenden, farbigen und nie ruhenden New York, und aufgehoben von Menschen anderer Hautfarbe, die man zum ersten Mal sieht.

Fast drei Stunden dauert der festliche Gottesdienst, und man hat es nicht bemerkt. Beim Verlassen der Kirche vom Platz davor noch einmal ein Blick auf die beiden hellen, schlanken Wolkenkratzer, die so etwas wie das Logo der gesamten freien Wirtschaft dieser Welt darstellen.

Der grauenhafte Anschlag auf so viele Menschen und die Menschlichkeit überhaupt wird in einer Einkaufsstraße im friedlichen Graz erlebt. Vor der Auslage eines Elektrogeschäftes drängen sich Menschen, um über einen Fernseher mitzuerleben, wie im fernen New York zwei Flugzeuge in die beiden Wolkenkratzer rasen, auf der Gegenseite wieder aus den Gebäuden ragen und im Inneren der Twin Towers ein tödliches Inferno anrichten. Explosionen, niederstürzende Gebäudeteile, Staubwolken und in Panik herumirrende Menschen sind zu sehen. Der Ort, an dem man sechs Jahre zuvor auf Sightseeing-Tour war und im Erdgeschoß der Towers in der Chemical Bank seine letzten 1000 Schilling in 92 Dollar und 90 Cent umgewechselt hat, ist nicht mehr.

Fassungsloses Schweigen vor der Auslage, weil niemand sofort versteht, was da eigentlich geschieht. Es schaut zu sehr nach einem Horrorfilm aus. Erst nach und nach wird begriffen, was praktisch vor den Augen der gesamten Welt passiert: der mörderische Angriff von Fanatikern auf die ganze Menschheit, die hier den letzten Rest ihrer vermeintlichen Unverletzbarkeit verliert. Kaum einer realisiert sofort, dass mit dem Geschehen so weit weg auch seine Welt ein Stück weit eingebrochen ist.

Wieder zurück ins Jahr 1995. Zum Flug nach New York, das im Sonnenschein glänzt und erste Vorboten des Indian Summer zeigt. Im Flieger, hoch über den Wolken, zwischen denen Eisberge im Meer zu sehen sind, erste Konfrontation mit der amerikanischen

Die Twin Towers 1995.

Wirklichkeit. Ein umfangreicher, zum Teil abstruser Katalog von Fragen auf einem grünen Bogen muss wahrheitsgetreu beantwortet werden. „Ist Ihnen jemals ein Visum oder die Einreise in die Vereinigten Staaten verweigert worden?", oder „Haben Sie jemals Immunität vor Strafverfolgung beantragt?", heißt es da ebenso wie „Waren oder sind Sie in Spionage, Sabotage oder terroristische Aktivitäten verwickelt? Waren Sie am Völkermord oder in der Zeit zwischen 1933 und 1945 in irgendeiner Weise an den Verfolgungen des nationalsozialistischen Regimes Deutschlands oder seiner Verbündeten beteiligt?", und weiter: „Sind Sie jemals wegen eines Vergehens, einer Straftat aus niedrigen Beweggründen oder eines Verstoßes gegen das Betäubungsmittelgesetz verhaftet oder verurteilt worden?", und gleich am Anfang des leicht verstörenden Dokuments: „Leiden Sie an einer ansteckenden Krankheit. Sind Sie körperlich oder geistig behindert? Betreiben Sie Missbrauch mit Drogen oder sind Sie drogenabhängig?" Als Titel steht über dem Fragebogen, für den das amerikanische Justizministerium verantwortlich zeichnet: „Willkommen in den Vereinigten Staaten!"

In New York gelandet, strenge Prüfung der Antworten durch einen Einreisebeamten. Bei Fehlerhaftigkeit ausbessern und erneutes Anstellen am hinteren Ende der Warteschlange. Passt alles, dürfen der Kennedy Airport verlassen und der erste Schritt ins wirkliche Leben von New York gewagt werden. Mit der U-Bahn geht es in Richtung Washington Square. Werbeplakate mit der Aufschrift „1-8000 Feeling" springen ins Auge. Sie wenden sich an psychisch gestörte Menschen, die den Weg zum Psychiater nicht finden oder ihn sich nicht leisten können. Sie fordern auf, sich an diese Nummer zu wenden, um von der Stadt geförderte Hilfe zu bekommen. Bedarf scheint gegeben. In der U-Bahn, auf dem Sitz gegenüber, sitzt ein gut gekleideter, aber ungepflegter Mann, der starr vor sich hin blickt und laut mit sich selber redet. Ein Bild der Kommunikationslosigkeit. Heutzutage auch bei uns diese vor sich hin redenden Leute aller Altersgruppen, die allerdings nicht mit sich selber, sondern mit einem unsichtbaren Gesprächspartner am Handy sprechen. Überkommunikation durch unfreiwillige Teilhaber in der unmittelbaren Umgebung, die Wort für Wort mitbekommen. Ob sie wollen oder nicht.

Verlassen der U-Bahn am Washington Square und Fußmarsch zur Adresse 207 West 10th Street im Herzen von Greenwich Village, zu einem Haus, das in seinen sieben Stockwerken viele WGs – vor allem junger

Leute – beherbergt. Es liegt nahe der Bleeker Street, dieser besonders vitalen Ader des Village, in dem die ganze Welt zu Hause scheint. In einem sehr europäisch anmutenden, reich von Grün durchzogenen Viertel, von wo aus man die Wolkenkratzer nur in der Ferne sieht, ist es gut leben. Der tägliche Spaziergang zur italienischen Café-Bar, in der es richtige Topfengolatschen gibt, wird zum Vergnügen. Hier starten die Ausflüge ins Abenteuer New York mit einem großen Facettenreichtum.

Der erste Marsch führt zur Österreichischen Außenhandelsstelle der Wirtschaftskammer. Sie liegt im 32. Stock des Wolkenkratzers mit der Adresse 150 East, 52nd East Street mitten in der Hochhauslandschaft Manhattans. Hier wirkt zurzeit als Chef Dr. Benno Koch. In seinem Stellvertreter Dr. Gottfried Tscherne gibt es gleich eine Begegnung mit der Heimat. Er ist ein Spross der bekannten Ärztefamilie aus Graz. Die beiden arbeiten gemeinsam mit einem kompetenten Team, in dem jeder weiß, was zu tun ist, daran, die Position der österreichischen Exportwirtschaft ständig zu verbessern, im Wissen, dass die Präsenz Österreichs in den USA ohne die Außenhandelsstellen nicht in dem Ausmaß gegeben wäre. Es wird daran gearbeitet, dass der gute Ruf Österreichs, der manchmal durch eine mangelnde Selbstdarstellung in der Heimat leidet, ständig gepflegt wird und dass die Exporte aus Österreich weiter steigen. Schließlich bringt jedes Prozent mehr ein Plus von 8000 Arbeitsplätzen in Österreich.

Auf dem weiten, gewaltig unterschätzten Weg dorthin ein Zwischenstopp im berühmtesten Hotel der Metropole New York, im Waldorf-Astoria. Es ist seit 1931 Stammhaus zahlreicher Weltstars – von Audrey Hepburn bis Elisabeth Taylor und der englischen Königin Elisabeth II. In 1400 eleganten Suiten und Zimmern wird jeder Komfort geboten. Und in den durchgestylten Speise- und Arbeitsräumen herrschen Geschmack und Luxus pur, von dem man schon in der Halle mit der berühmten Waldorfuhr im Zentrum empfangen wird. Er reicht bis ins Herren-WC im Untergeschoß, in dem aus den stilvollen Armaturen kaltes und warmes Wasser kommt und wo man von einem Livrierten das Handtuch gereicht bekommt. Das Waldorf-Astoria hat etwas von dem hervorragenden Geschmack, mit dem sich das wohlhabende New York präsentiert, der sich bei den grandiosen Kunstsammlungen in der Stadt fortsetzt. Reichtum im besten Sinne genutzt und der Bevölkerung wie den Millionen Besuchern aus aller Welt zur Verfügung gestellt.

Das zeigt sich auch beim Besuch von „The Cloisters",
jenem Ort, an dem man glaubt, im Mittelalter angekommen zu sein. Das Abenteuer beginnt schon in der
32. Straße, gleich neben dem Madison Square Gar-
den, wo man den Autobus in Richtung „The Cloisters"
besteigt. Gute zweieinhalb Stunden dauert die Reise, vorbei am Central Park, quer durch Harlem. An
den ein- und aussteigenden Businsassen merkt man,
wie verschieden die Farbnuancen der Dunkelhäutigen von Block zu Block sind. Dann hört die Stadt
auf einmal auf, und es geht auf einen bewaldeten Hügel. Bei der Endstation steht man staunend vor einer
mächtigen mittelalterlichen Klosteranlage mit Cam-
panile, Kirche und drei herrlichen Kreuzgängen mit
gepflegten, farbenfrohen Gärten. Dass die Zeugen
einer so weit zurückliegenden Zeit hierher übersie-
deln konnten, verdankt man dem kunstsinnigen John
D. Rockefeller jun., der 1935 ein französisches Kloster kaufte, nach New York transportieren und hier
wiedererstehen ließ, wobei einzelne Teile der Anlage
nachgebaut wurden. Der staunende Besucher, der ins
Innere des Klosters vordringt, findet sich mitten in
einem Gemisch aus romanischen und gotischen Stil-
elementen und Schätzen aus verschiedenen Teilen
Europas wieder. So zwei herrliche gotische Fenster
aus der Schlosskapelle von Ebreichsdorf in Niederös-

terreich, die durch ihre Übersiedlung ins ferne Amerika schweren Schäden durch Kriegseinwirkungen entgangen sind. Der Steirer staunt noch mehr, wenn er vor einem Glasfenster mit Madonna steht und am Schildchen daneben liest: „Maria Strassengel, Styria, Austria." Das Kunstwerk war in der Not der Weltwirtschaftskrise 1929 von den Reiner Mönchen an Rockefeller verkauft worden.

Zu einem Bad in der hohen Kunst von der Renaissance an lockt die Frick Collection am Central Park. Sie heißt so, weil der Milliardär Henry C. Frick im Jahr 1905 an der Ecke Fifth Avenue, 70th Straße ein großes Grundstück gekauft hat und dort in den Jahren 1913/14 ein aufwendiges Stadtpalais errichten ließ. Als der bedeutende Mäzen und Sammler im Jahr 1919 starb, hinterließ er seine Kunstschätze, bestehend aus 131 Bilden, einigen Skulpturen und einer Porzellansammlung, einer Stiftung mit dem Auftrag, sie in aller Zukunft der Öffentlichkeit zugänglich zu machen. So ist es möglich, in einem ebenso eleganten wie intimen Umfeld höchste Kunst zu bestaunen, aber auch Fricks persönliche Einrichtung bis hin zu seinem total erhaltenen Arbeitszimmer zu bewundern. Man wandelt zwischen Meisterwerken von Tizian, Veronese, Tiepolo und Filippino

Lippi aus Italien, solchen von Goya, El Greco und Velázquez aus Spanien bis hin zu den Holländern des 17. Jahrhunderts und kommt in den Genuss gleich dreier umwerfender Bilder von Jan Vermeer, der insgesamt nur 37 Bilder geschaffen hat. „Frau mit Dienstmagd", „Der Soldat und das lachende Mädchen" (1911 für 300.000 Dollar erworben) und „Die unterbrochene Musikstunde" (gekauft schon 1901) heißen diese kleinen, von dem unbeschreiblichen vermeerschen Licht durchfluteten Gemälde, welche in eine Farbwelt entführen, die es allein gelohnt hätte, nach New York zu kommen.

Eine andere Licht- und Farbwelt öffnet sich dem Aufnahmebereiten, wenn er das Glück hat, an einem sonnigen Nachmittag am Pier 83 des New Yorker Hafens ein Schiff der Circle Line zu besteigen und zu einer Abenteuerfahrt für alle Sinne aufzubrechen. Es geht in fast drei Stunden rund um Manhattan. Fast unwirklich ist, was da geschieht. Die Hochhauslandschaft der Stadt gleitet wie in einem Film vorbei, gleißend und strahlend, bis es hinübergeht zur Freiheitsstatue, die greifbar nahe kommt und in der Sonne eine Ahnung davon ausstrahlt, was Einwanderer und Flüchtlinge empfunden haben mögen, wenn sie endlich im ersehnten Land ankamen. Zurück zum Hud-

Ein Raster der Verbindung: die Brooklyn Bridge.

son River, das UNO-Gebäude im Augenwinkel, weiter die Skyline entlang. Ein neuer Zauber wird erlebbar: Die Sonne geht langsam unter, und ins aufkommende Dämmerlicht erstrahlen die ersten Lichter in Manhattan, erst eines und dann immer mehr, bis die ganze Stadt aufleuchtet. Wer vor diesem aus Hunderten Augen leuchtenden Anblick sagen wollte, das sei kein schönes Bild, der muss in seinem Inneren verhärtet sein gegen alles, was ihm der Augenblick sagen will: Schau doch und behalte diesen Moment, der dir geschenkt ist, über alle materiellen und irdischen Werte hinaus. Und die Schönheit dieses Bildes wird immer intensiver, wenn es wieder in Richtung Hafen geht, vorbei am Central Park, über dem aus Hunderten Wohnungen die Lichter strahlen und willkommen heißen in einer abermals neuen Dimension der Schönheit New Yorks.

Was könnte es noch geben, was den Abschied von diesem urbanen Wesen der kaum fassbaren Unterschiede, des pulsierenden Lebens rund um die Uhr, des Wahnsinns und der Spiritualität, der Schönheit und der Brutalität, der Armut und des überquellenden Reichtums, der Wolkenkratzer, die in den Himmel zu wachsen scheinen, und der unter der Stadt dahintosenden U-Bahn, was könnte den Abschied von diesem

Kontrastprogramm noch schwerer machen als dieses leuchtende Bild. Es gilt, das Bild mitzunehmen – für die Zeit nach New York.

Das **Erkerfenster**

Das Fenster am Ende des Halberkers ist leicht schräg und genau gegen Westen gerichtet. Es befindet sich im ersten Stock und ist so über den Verkehrsstrom erhaben, der zwischen ihm und der kleinen Kirche im Garten gegenüber dahinzieht, dass man die Geräusche der zahllosen Autos nur noch wie das Rauschen eines Flusses wahrnimmt. Es ist nicht lange her, dass die Zweige hochgewachsener Birken im Frühling einen zartgrün schimmernden und im Herbst einen goldenen, vor allem in der Abendsonne prunkvoll leuchtenden Vorhang vor das Fenster gehängt haben. Das war so, bis ein kleiner böser Bote von El Niño kam, jenem rasenden Sturm, der seit 1997 durch die Auslösung von Orkanen, Hochwässern und gewaltigen Erdrutschen weltweit so viel Unheil über die Menschen gebracht hat. Es war ein ganz kleiner Bote, der die Birken so herrichtete, wie er es mit vielen Bäumen im Grazer Stadtpark, auf dem Schloßberg, überall in der Stadt und an vielen Orten in der Steiermark getan hat. Seither ist der Blick vom Erkerfenster ganz frei, und man sieht auch von der Straße aus, ob jemand dahinter steht und die Geschehnisse zur ebenen Erde beobachtet.

Dieses Fenster ist seit vielen Jahren jener Platz, an dem eine Frau steht und eine der mühsamsten Tätigkeiten ausübt, die Frauen und Müttern in der ganzen Welt, vor allem den in einem fragwürdigen Zynismus so bezeichneten „Nur-Hausfrauen" aufgebürdet ist: Sie wartet. Sie wartet wie die anderen auf den Mann, der verspätet von der Arbeit kommt, und merkt betrübt, dass das liebevoll bereitete Essen nicht mehr so frisch ist, wie sie es vorbereitet hatte. Sie wartet auf die Kinder, die zuerst von der Schule, später von irgendeiner Arbeitsstätte und noch später von ihrem eigenen Domizil wenigstens manchmal auf Besuch kommen. Sie wartet auf den Arzt, der zu einem Kranken in der Familie kommt, auf einen Heimkehrer von einer Reise irgendwo in die Welt. Dieser Frau ist es durch die Gnade der späten Geburt erspart geblieben, den schlimmsten Fall des Wartens zu erleben, das Warten auf einen Sohn, der in den Wahnsinn eines Krieges hinausgeschickt worden ist. Wie die große Zahl ihrer Leidensgenossinnen hat sie viele Stunden hinter diesem Fenster verbracht, oft milde belächelt oder gar bespöttelt. Manche Zigarette wurde hier aus Nervosität geraucht und manche Träne unterdrückt oder geweint, Erleichterung empfunden, wenn die oder der Erwartete gesund da war, und manches Stoßgebet ist hinter diesem Fenster in Richtung Himmel geschickt worden.

Das Fenster und die Frau dahinter, bemüht, nicht entdeckt zu werden, um unüberlegten Bemerkungen über ihre Neugierde zu entgehen, stehen für vieles, was in unserer rastlosen Welt niemals ausradiert werden wird. Sie stehen für Familiensinn und Sorge, für Angst um andere und die Freude über deren Wohlbefinden, sie stehen für alle in Sonntagsreden oder bei Ehrungen beschworenen Frauen, die, wie es so schön heißt, immer hinter einem erfolgreichen Mann da sein müssen, sie stehen für ihre Geschlechtsgenossinnen, die oft auch Beruf und Familienleben vereinen müssen und ebenfalls hinter solchen Fenstern warten, und sie stehen als Zeichen gegen alle, die sich über sie hinter vorgehaltener Hand lustig machen. Sie stehen als Sinnbild für die Frauen, die Jahr um Jahr Tausende Mahlzeiten bereiten und Tonnen von Geschirr reinigen, Wohnungen sauber halten, aufräumen, einkaufen, Müll entsorgen, für die Gesunden in der Familie das Wohlbefinden erhöhen, an den Betten der Kranken wachen und mit ihnen leiden und noch dazu ihre Kreativität und konsequente

Gestaltungskraft einbringen. Sie stehen für alle jene, die das unbeachtet und in einem hohen Maße unbedankt, aber immer selbstverständlich tun. Der Spott eines falsch verstehenden Feminismus, welcher sie ihrer mangelnden Selbstverwirklichung zeiht, kann ihnen nichts anhaben. Das Erkerfenster und die Frau stehen für die Millionen, denen die Gesellschaft der Erfolgs- und Mediensüchtigen jene Achtung versagt, die sie verdienen. Das Bild aus dem Grabenviertel in Graz spricht eine deutlichere Sprache als die meisten Frauenrechtlerinnen der Welt jemals sprechen werden. Ich weiß, dass mit der Antwort zu rechnen ist: „So redet und schreibt ein Mann, dem das gefällt und der ohnehin will, dass das so bleibt." Auch Feministinnen können irren.

Text für Eva – zum Erinnern und Weiterdenken.

Freude *und* Zuversicht

Steiermark, seit 50 Jahren bewundere ich dein Antlitz. Das bringt mich zu einer äußerst ungewöhnli-
chen, aber erfreulichen Erkenntnis: Während die Ge-
sichter der Menschen im Laufe der Zeit immer stärker
die Spuren zeigen, die das Leben in sie einprägt, während sie immer faltiger werden und gezeichnet von
den Mühen ihres Existenzkampfes, ist es bei dir genau umgekehrt. Du scheinst immer jünger zu werden.
Dein Antlitz wird immer schöner, ausgeglichener, und
du schaust von Jahr zu Jahr gesünder aus.

Das hast du nicht zuletzt allen fleißigen, einfallsrei-
chen und kämpferischen Menschen, denen du Heimat
bist, zu verdanken, die all ihre Kräfte einsetzen, ihr
Land für sich selber wohnlicher, für andere gastlicher
und für alle ansehnlicher zu machen.

Damit haben sie gleich nach dem schrecklichen großen Weltkrieg im Jahr 1945 begonnen und mit ihrer
Hände Kraft, aber auch viel Hilfe von außen die Wun-
den geheilt, die der Krieg dir geschlagen hat. Sie ha-

ben aus Bombenruinen wieder schöne Wohnstätten entstehen lassen und sehr bald die Fabriken und Betriebe wieder in Gang gebracht, um den Menschen Arbeit zu geben und die vielen Produkte herzustellen, die man braucht fürs Leben und die man in die weite Welt verkaufen kann, um von dort wieder zu erwerben, was man selber nicht zu erzeugen vermag.

An den Lebensadern des Landes, der Mur und der Mürz entlang begannen wieder die Eisen- und Stahlwerke zu kochen, zu stampfen und zu schlagen, um aus dem Rohstoff Erz, der am Anfang noch zu einem guten Teil vom eisernen Brotlaib des Landes, dem Erzberg, gekommen ist, die verschiedensten Produkte aus Eisen und Stahl zu erzeugen. Mit besonderem Stolz kann man anmerken, dass das weltweit bekannt gewordene LD-Verfahren zur Stahlherstellung in Donawitz erfunden wurde. Gar nicht langsam, sondern rascher, als man es zu hoffen gewagt hat, ist es aufwärts gegangen mit dir, mit dem Wohlstand deiner Bewohner, und bald waren sie darüber hinweg, für das Notwendigste sorgen zu müssen.

Man konnte sich dann auch in Zusammenarbeit mit den anderen österreichischen Bundesländern, der Republik und dem Ausland daranmachen, aus dir ein schönes, freundliches und modernes Land zu gestalten, in dem es freilich von so manchem Abschied zu nehmen galt. Tiefe Kohlengruben wurden geschlossen und Tagbaue eingeebnet oder in Freizeitzentren verwandelt. Schlote und Fördertürme verschwanden, und manches Werk musste dem Druck des Weltmarktes weichen und für immer zusperren. Viele kleine Betriebe wurden Opfer der Entwicklung hin zu Großmärkten und größeren Einheiten, die meist am Rand der Städte angesiedelt wurden. Sie fielen einer Zeit zum Opfer, in der die Grundregel herrschte, dass die Großen die Kleinen fressen.

Die Zeit der Globalisierung hatte eingesetzt, und man konnte sich diesen Entwicklungen nicht entziehen, um auf einer Insel der Seligen weiterzuleben. Zuvorderst war es notwendig, für eine möglichst gute Anbindung an die Welt zu sorgen. Man kann sich heute, während man über gut ausgebaute Verkehrswege fährt und sich wundert, wie schnell jemand so gut wie jeden Punkt des Landes erreichen kann, wenn man über die Pyhrn- oder Südautobahn dahinjagt, nicht mehr vorstellen, dass es einmal eine mühsame und zeitraubende, wenn auch landschaftlich reizvolle Angelegenheit war, durch die Oststeiermark in Richtung Wien zu fahren, auf holprigen Straßen, durch Märkte und Dörfer, oder über Bruck und Leoben hinauf ins Ennstal und von dort weiter nach Salzburg oder durch die Weststeiermark über die alte Packer Bundesstraße nach Kärnten. In der Erinnerung sind noch das Rütteln und Schütteln in gar nicht luxuriösen Bussen oder Automobilen spürbar, und ein Fahrzeitvergleich ruft nur ungläubiges Staunen hervor. Freilich ist noch einiges zu tun, vor allem im leidgeprüften Ennstal, das zum „Dauerbrenner" einer katastrophalen Straßensituation wurde, und an mancher Stelle gehörten die Autobahnen, die zunächst sehr sparsam geplant wurden, ausgebaut im Dienst an der Sicherheit für alle. Weniger Grund zur Freude bietet der Blick auf die Bahnverbindungen. Wenn man bedenkt, was bei der Entwicklung, die Europa nimmt, auf dich zukommt, wird man traurig bei der Betrachtung der Zugverbindungen von Graz aus in die verschiedenen Himmelsrichtungen und bei der Erkenntnis, wie mühselig es ist, auf der Schiene zum Beispiel nach Linz, nach Salzburg oder gar nach Klagenfurt zu kommen. Nicht reden will ich über das eine Gleis nach Süden in Richtung Slowenien und darüber, was diese problematischen Bedingungen auf der Schiene für die Belastung der Straßen und der Menschen, die an ihnen wohnen, bedeuten.

Es wurde viel getan, um dich nicht in ein verkehrs-
mäßiges Eck stellen zu lassen. Aber das reicht noch
nicht. Der Kampf gegen eine drohende Zwei- oder
gar Dreiteilung Österreichs muss geführt werden,
weil die alte Semmeringbahn – so schön sie auch sein
mag – die Lasten unserer Zeit nicht mehr schafft, und
der Koralmtunnel eine ebenso dringende Notwen-
digkeit ist wie der Semmeringbasistunnel und die
Errichtung eines zentralen Containerterminals im
Herzen des Landes. Wer dich nämlich verkehrsmä-
ßig von den internationalen Verbindungen abschnei-
det, durchtrennt auch den Lebensnerv internatio-
naler wirtschaftlicher Verbindungen, die Betriebe
und Arbeitsplätze bringen. Es ist heute so, dass es
nicht genügt, schön und attraktiv zu sein, hohe Kultur und intakte Landschaft, Ruhe und frische Luft
zu bieten, weil für ein Land der unfreundliche Satz
gilt: In Schönheit gestorben ist auch tot. Da nützt
es auch wenig, wenn es mit den Flugverbindungen
etwas besser ausschaut und aus dem kleinen Pro-
vinzflughafen am Thalerhof ein attraktiver Airport
entstanden ist, der sich durch die Schönheit seiner
Architektur in der ganzen Welt sehen lassen und der
jährlich mit neuen Rekordzahlen bei den Passagier-
und Frachtaufkommen aufwarten kann. Die Verbindung über die Luft, so attraktiv sie sein mag, wird

Geliebtes, immer jung wirkendes Land.

im Vergleich zur Straße und Schiene weiterhin ein Minderheitenprogramm bleiben.

Aber: Deine kampfesfreudigen Bewohner werden die Rechte des Landes durchsetzen, und alles wird geschehen, was wichtig ist. Als Grenzvolk am „Hofzaun des Reiches" haben sie gelernt und Eigenschaften entwickelt und weitergegeben bis in unsere Tage, die den Steirern den Titel „wildes Bergvolk hinter dem Semmering" eingetragen haben, einen Titel, den es in Ehren und nicht als Spott zu tragen gilt. Mit Mut und Zähigkeit und dem notwendigen Zusammengreifen aller Kräfte im Lande wird es zu schaffen sein, und es wird nicht geschehen, dass für dich ein stilles, aber armes Glück im Winkel übrig bleibt.

Dazu gibt es zu viele gescheite, kreative und mutige Steirerinnen und Steirer, die es immer verstanden haben, sich ihrer Haut zu wehren. Und dabei haben sie es noch zustande gebracht, das Land zum Blühen zu bringen in vielerlei Hinsicht: Es ist ihnen immer besser gelungen, es so attraktiv zu machen, dass immer mehr Menschen aus aller Welt und aus den verschiedensten Gründen kommen. Es ist geglückt, durch die Kraft eines gesunden Bauernstandes deine Landschaft intakt und deinen Waldreichtum gesund zu erhalten und zu

pflegen, es ist gelungen, durch die klugen Köpfe, aus-
gebildet an den Universitäten und Hochschulen des
Landes, von der Grundstoffindustrie den Umstieg ins
Hightech-Zeitalter zu schaffen und zu einem Land der
hellsten Köpfe zu werden. Man war klug genug, die
geistigen und technischen Ressourcen auf den Gebie-
ten der Autoproduktion und der Holzverwertung zu
Kräften zu ballen, die niemand übersehen kann. Mit
dem Sinn der Menschen für Schönheit und vorsich-
tigem Umgang mit den Reserven der Natur wurde es
auch geschafft, dass große Ereignisse und bleibende
Einrichtungen, wie zum Beispiel der A1-Ring im Mur-
tal, die Skiweltmeisterschaftsregionen in Schladming
und Haus im Ennstal und die Skiflugweltmeister-
schaften am Kulm, deinen Namen in die Welt tragen.

Du brauchst dich in keiner Weise zu verstecken, und
du darfst glücklich darüber sein, dass immer mehr
Menschen aus allen Erdteilen kommen, um zu erle-
ben, was du bewahrt hast an Kultur und Natur, was
du für die Menschen bereithältst, in deinen weiten
Waldregionen, in den Hügelgebieten der Ost- und
Weststeiermark, auf den Gipfeln deiner Berge, im
Weinland im Süden, im hervorragend ausgebauten
Thermenland im Osten des Landes, in deiner Landes-
hauptstadt Graz, die wie die Städte, Märkte und Dör-

fer in allen Landesteilen immer schöner und einladender wird. Du kannst dich der Welt ruhig zeigen, wie du bist. Mit den Jahren schöner geworden und weiterentwickelt mit jenem Augenmaß, das nichts kaputt werden lässt von dem, was auch künftige Generationen dankbar genießen werden: gesunde Landschaft, eine blühende Wirtschaft und eine weithin wirkende und strahlende Kultur, die den Namen Steiermark mit Offenheit und Aufgeschlossenheit verbindet.

Voll Zuversicht kann man mit allen Menschen in die Zukunft über den Zaun ins nächste Jahrtausend schauen, mit vertrauensvollem Blick auf eine heranwachsende Generation, der man getrost dein Schicksal in die Hand legen darf. Sie wird es meistern.

Natur macht Kunst: Oberfläche der Raab bei Kirchberg.

Kirchengasse 1

Zwei Fotos liegen auf dem grünen Filz des mächtigen Schreibtisches, auf dem es sich so gut arbeitet. Kein Personalcomputer steht darauf, dafür scheinbar nutzlose Dinge. Im Licht der Stehlampe lugt eine Nachahmung einer altgriechischen Eule aus Stein zu mir her, und daneben steht eine Jugendstil-Briefwaage, ein Stierkopf aus schwerem Metall vom Arbeitstisch des Vaters, gut als Briefbeschwerer zu nutzen, und aus jüngerer Zeit eine Cola-Holzdose, ein Mitbringsel von einer New York-Reise im Jahr 1995.

Die beiden Fotos sind typische „Kinder" ihrer jeweiligen Zeit und erzählen doch eine gemeinsame Geschichte. Das eine ist eine Schwarzweißaufnahme aus dem Jahr 1953 mit gezacktem, weißem Rand, wie sie damals von Schulfotografen hergestellt wurden, und zeigt 19 Schüler, eine Schülerin und drei Professoren. Auf der Rückseite steht geschrieben: „Meine Klasse als 5b. des Zweiten Bundesgymnasiums."

Das andere Bild, eine farbige Panoramaaufnahme des Hauses, in dem unsere Schule damals untergebracht war, in seiner letzten Funktion als öffentliches Gebäude. Die Fassade des Hauses Kirchengasse, gleich neben der Grabenkirche in Graz, ist mit einer schwarzen Folie verhüllt, auf der in riesigen weißen Buchstaben „Steirischer Herbst 97 – Zonen der Verstörung" geschrieben steht. Darüber kann man noch im abbröckelnden Mauerwerk das Wort „Marieninstitut" lesen. Beide Fotos erzählen vom Geruch des Bodenöls in unserer Klasse, von der ausgeschütteten Schulmilch gleich hinter der Eingangstür, von unserem guten alten Schulwart Pschenitschig mit dem mächtigen weißen Schnurbart und von der unbeschwerten Freiheit jener Tage der Mittelschulzeit. Als das erste Bild entstand, war Österreich noch ein besetztes Land, und was auf dem Foto zu sehen ist, mutet heute fast skurril an. Unsere Schule war ein humanistisches Gymnasium mit Lateinunterricht ab der ersten, Altgriechisch ab der dritten und Englisch ab der fünften Klasse. Darstellende Geometrie war ebenso wie neue Literatur ein Freigegenstand. Es gab keine Taschenrechner und erst recht keine Computer, kein Sprachlabor und keine Overheadprojektoren. Zu den modernsten Dingen, die wir damals hatten, zählte ein Diaprojektor, der unserem Philosophie- und Geographieprofessor Franz Stieber gehörte. Professor Stieber, von allen liebevoll „Stibsi" genannt und ständig Tinte von seinem nicht ganz dichten Füllhalter an den Fingern, zeigte offenbar – wie auf dem Foto zu sehen – gerade wieder einmal „außer Programm" Diapositive von einer seiner Radreisen, die ihn in den Ferien bis Nordafrika geführt hatten. Im Hintergrund als interessierte Zuschauer und wahrscheinlich zufällig anwesend Dr. Leopold Tscherne, von allen „Dschingi" gerufen und im Falle von Unwissenheit oder Störung des Unterrichts Spezialist für schmerzhafte „Zwickerbusserl", und neben ihm unser Deutschprofessor, Dr. Karl Schröder, dem wir nicht nur den Einstieg in die neuere Literatur, sondern auch in die bildende Kunst verdankten, was eigentlich gar nicht in sein „Ressort" fiel. Leider nicht auf dem Bild ist der Klassenvorstand Dr. Stefan (Stevo) Duic, dessen Autorität keinen Spitznamen zuließ und der uns beibrachte, den guten Homer ebenso in Originalsprache zu lesen und zu verstehen wie Cicero, Cäsar und andere Autoren aus dem alten Rom.

Ihm verdanken wir den Zugang zum klassischen Altertum auf dem Weg über die Originalsprachen, ein Geschenk, das in unserer immer technisierteren Welt der Abschaffung jedes scheinbar überflüssigen Wissens nicht hoch genug eingeschätzt werden kann. Der Satz „Wer das Alte wegwirft, wird auch das Neue nicht lang besitzen" schießt mir durch den Kopf. Unserem Klassenvorstand verdanken wir auch so manche Einladung zum Federballspiel bei ihm im Hof seines Hauses in der Klosterwiesgasse und seiner lieben Frau den ersten Vanillepudding mit Himbeersaft unseres Lebens, der bei einer solchen Gelegenheit serviert und aus jenem Geld finanziert wurde, das sich „unser Duic" durch Nachhilfestunden dazuverdient hatte.

Das Klassenfoto erzählt von noch etwas anderem: Es zeigt, dass wir – in jener Zeit absolut noch eine Seltenheit – in den alten Mauern des Marieninstituts bereits koedukativ erzogen wurden, befand sich doch unter uns 19 Knaben eine Mitschülerin, welche trotz der Unbilden, die sie mit uns zu erleben hatte, noch immer pünktlich zu den Maturatreffen kommt. Von den 19 „Herren" waren sage und schreibe 13 Lazaristen, das heißt auf dem Weg in den geistlichen Beruf. Zwei von ihnen brachten es bis zur Priesterweihe, wobei sich einer inzwischen wieder hat laisieren lassen.

Vieles hat sich geändert, und doch sind die Probleme gleichgeblieben. Das alte Schulgebäude, jetzt in Privathand, wurde zu Wohnzwecken umgebaut. Schulen mit koedukativem Unterricht sind längst Selbstverständlichkeit. Viel Spezialwissen und der Zugang zu neuen Technologien werden vermittelt, aber immer mehr wird beiseitegelassen, was der Mensch über sich selber, sein Leben, dessen Entstehung und über seine Erfüllung wissen sollte. Man lernt heute viel über die Perfektion der Kommunikationsmittel und ihre Anwendung. Dabei vergisst man, mitzulehren, was Kommunikation ist.

Der Blick auf das alte Gemäuer der Schule lässt auf einmal begreifen, dass Mauern mit Schrammen und Löchern, dass Klassenzimmer mit primitiven Holzbänken und alten Sitzmöbeln mit Löchern und Schnitzereien aller Art im Holz etwas von einer Atmosphäre der Geborgenheit in einem Haus mit scheinbar veraltetem Lehrplan und mit strengen, aber klugen und menschlichen Professoren weitervermitteln können.

Weil ich das spüre, verstehe ich, dass sich meine Tochter Evi, die hier im Jahr 1994, als die Schule schon 1. BG/BRG Kirchengasse hieß, gemeinsam mit ihren Mitschülerinnen und Mitschülern dagegen gewehrt hat, die alte Schule zu verlassen. Das neue, alle Stückerln einer zeitgerechten Unterrichtsanstalt spielende Gebäude lockte sie nicht, und sie waren glücklich, als letzte Klasse im Haus Kirchengasse 1 ihre Maturaprüfung ablegen zu können.

Der **Ferialpraktikant**

Es ist geschlagene 40 Jahre her, seit meiner Zeit als
Ferialpraktikant bei der Lapp-Finze AG in Kalsdorf,
und trotzdem spüre, rieche, atme und durchlebe ich
immer wieder jene Wochen in der Sommerhitze, in
denen ich in der Verlademannschaft dieses Unterneh-
mens tätig war, in dem damals hauptsächlich Draht,
Drahtstifte und jene Schrauben hergestellt wurden,
mit denen man Eisenbahnschienen auf den Holz-
schwellen befestigt. Zumindest hatte ich mit diesen
Teilen der Produktionspalette am innigsten zu tun.
Die Hitze im Sommer 1958 war einige Wochen hin-
durch so groß, dass sogar die Arbeitszeit um eine
Stunde vorverlegt wurde. Das bedeutete, um vier Uhr
in der Früh aufzustehen, um bereits um fünf Uhr bei
der Radetzkybrücke zu sein, wo ein Sammelbus unser Grüppchen aufnahm. Es wurde nicht viel geredet
während der Fahrt nach Kalsdorf, weil noch die Mü-
digkeit vom Vortag nahezu schmerzhaft in den Kno-
chen saß und nie genug Zeit zum Schlafen war.

Man war noch nicht ganz wach, während es durch die Triester Straße hinunter, vorbei am Zentralfriedhof, in die Ebene des Grazer Feldes ging, hinein in einen glühenden Tag mit Stunden voller Schinderei, von der der gute Zentraldirektor Walther Kamschal, der mir den Ferialjob vermittelt hatte, wohl keine Ahnung hatte, jener Mann, dessen Mut es zu verdanken war, dass die Lapp-Finze AG bald nach dem Zweiten Weltkrieg die Arbeit wieder aufnehmen konnte, weil er es durch eine sehr heftige und couragierte Auseinandersetzung mit den russischen Besatzern in Graz erreicht hatte, dass wichtige Teile der Fabrikeinrichtung in Kalsdorf nicht abtransportiert wurden.

Die Fahrt im Bus gehörte zu den angenehmen Teilen des Tages, obwohl es manchmal so schien, als suchte der Chauffeur geradezu die Schlaglöcher in der Straße, um die ermatteten Glieder durchzubeuteln. Die verschlafenen Augen nahmen das satte Grün des Sommers gerade noch auf, und durch halb offene Fenster strömte eine Luft, die den Geruch von Auspuffgasen, Erde und manchmal auch von frisch gemähtem Gras in den Bus wehte und die schon zu dieser frühen Morgenstunde die kommende Glut des Tages ahnen ließ. Im gleißenden Morgenlicht fuhr der Bus wenig später in den Fabrikhof ein, und an die 50 schweigende, grantelnde oder schon schwatzende Gestalten gingen am Portier und an der Stechuhr vorbei, jeder zu seinem Arbeitsplatz. Der Wohlklang des „Guten Morgen", der von so manchem Platz kam, an dem einer stand, der schon früher von woanders hergekommen war, oder gar das freundliche Pfeifen eines knapp vor der Pensionierung stehenden drahtigen Kollegen in der Nagelschlägerei sind mir in guter Erinnerung.

Auf dem langen Weg durch vier große Hallen begriff ich nichts von dem, was ich später lernen durfte, begriff nicht, dass es viel zu wenig der guten Worten zwischen den Menschen gab. Hier flogen sie mir einfach zu, beim Gang zum Spind, vor dem ich aus dem Alltagsgewand in einen grauen Arbeitsmantel schlüpfte, der nach dem Schweiß der Tage davor roch, die Arbeitshandschuhe nahm und mich dann bei meinem Partieführer Franz Horvath, einem großen, schlanken und hilfsbereiten Mann, meldete.

„Heute haben wir Nägel zu verladen", kündigte er an. Das bedeutete, stundenlang, unterbrochen durch kurze Pausen, in einer Kette von Männern zu stehen und mit ausgestreckten Händen in Fünf-Kilo-Pakete verpackte Stahlstifte weiterzureichen, bis zum letzten der Kette, der sie in einem Waggon aufschlichtete. Der letzte Mann in der Kette aber wurde jede halbe Stunde abgelöst, weil er die größte Hitze zu ertragen hatte, wenn die Sonne auf das Dach des Waggons brannte und der Gestank im Waggoninneren von Stunde zu Stunde ärger wurde. Wir standen da mit unseren ausgestreckten Händen, reichten die Pakete weiter, und die Arme wurden schwerer und schwerer. Das Gewicht der Pakete schien sich im Verlauf der Stunden zu vervielfachen.

An anderen Tagen mussten schwere Drahtspulen händisch durch die Halle gerollt werden, hin zu einem offenen Wagen, auf den eine kleine schräge Rampe führte. Auf diesem Wagen standen zwei aus der Partie, die die Drahtspulen auf die Rampe hoben, von der sie einer in den Waggon rollte, wo sie von den beiden Letzten in der Gruppe aufgeschichtet wurden. Am ärgsten war es, wenn wir die Schwellenschrauben zu verladen hatten. Vor feuerspuckenden Öfen, aus deren durchbohrten Platten helles Feuer eine Gluthitze entließ, standen diejenigen, die es wohl am schwersten in der ganzen Fabrik hatten. Durch einen dicken Lederschurz geschützt, steckten sie mit langen Zangen vorgefertigte Eisenstücke in die glühenden Löcher, bis sie weiß von der Hitze waren, und beförderten sie dann in jene Maschine, in der sie ihr

Gewinde erhielten. Aus der Maschine fielen sie über eine Rutsche in einen großen, eine enorme Hitze ausströmende Haufen und wurden von uns mit Gabeln in Schubkarren verladen und in Richtung Verladerampe weggebracht. Der Kampf gegen fast noch glühende Riesenschrauben ist nicht zu beschreiben. Dankbar denke ich daran zurück, dass der Partieführer immer wieder nach einer Möglichkeit suchte, mir diese Qual so kurz wie möglich zuteilwerden zu lassen. Wahrscheinlich, weil ich diese schwere Arbeit wohl eher behinderte, als dass ich dabei sehr nützlich gewesen wäre.

Zwischen dieser Schwellenschraubenproduktionsstätte und unserer eigentlichen Verladehalle lagen die Stiftenschlägerei und die Halle mit jenen Riesentrommeln, in denen die frisch geschlagenen Nägel durch Rotieren von den kleinen „Flügeln" an ihren Spitzen befreit wurden, die bei der Erzeugung haften geblieben waren. In der Stiftenschlägerei standen Dutzende Maschinen der verschiedenen Größe und verursachten ein Getöse, das mir heute noch in den Ohren dröhnt, wenn ich die Augen schließe und mich daran zurückerinnere. Die Maschinen wurden auch in den Jausenpausen nicht abgestellt. Dann standen diejenigen, die sie bedienten, an einem Ende der Halle zusammen, aßen ihre mitgebrachten Brote und tranken ihren Tee. Und da geschah es manchmal, dass einer plötzlich sagte: „Meine Maschine schlägt unregelmäßig." Er legte die Jause weg, ging zu seinem Gerät, stellte irgendetwas nach und kam wieder. Seit damals weiß ich, dass es das absolute Gehör nicht nur in der Musik und unter Musikern gibt. Die nächste Halle schloss direkt an die Stiftenschlägerei. Dort rotierten die Riesentrommeln mit ihrem Inhalt aus Stahl. Durch die Rotation und das Reiben der Nägel aneinander entstand feiner Stahlstaub, der die Luft in der Halle füllte. Die Folge war, dass nach einer gewissen Zeit durch den Staub, den man auch im Mund hatte, alles, was man später aß, vom Pfeffer bis zur Torte, süß schmeckte. Dort lernte ich einen Kollegen kennen, der, obwohl er die Möglichkeit versetzt zu werden gehabt hätte, nichts davon wissen wollte. Der Stahlstaub gehörte einfach zu seinem Leben. Er blieb ohne zu klagen bis zu seiner Pensionierung an seiner Arbeitsstelle.

Es war unglaublich, wie schön in einem solchen Tagesablauf eine Mittagspause sein konnte, mit einem warmen Essen im nahe gelegenen Lapp-Finze-Hof oder einem Essen am Arbeitsplatz aus der mitgebrachten Tasche. Ein Gespräch mit Menschen, zu denen man auf einmal gehörte und die einen annahmen, obwohl man eigentlich ein Fremdkörper war. Alle wussten schließlich, dass das Studentlein nach Wochen wieder verschwand, während für die angestammte Mannschaft der Arbeitsplatz ein Leben lang der gleiche bleibt.

Ich habe damals verstehen gelernt, was es heißt, den quälenden Trott des Alltags zu erleben, ich habe kapiert, warum so mancher nur auf das Wochenende wartet, um einfach einmal über den Durst trinken zu können. Ich habe spüren gelernt, was Zusammengehören bedeutet und was Verachtung einbringt. Ich war bei ihnen in ihrer dumpfen Wut und Demütigung und im Wissen, dass es schlecht ist, den Mund zu weit aufzumachen, wenn man auf eine Arbeit angewiesen ist. Ich habe nie begriffen, wie sie es in dieser Situation mit nicht gerade berauschenden Entlohnungen geschafft haben, Einfamilienhäuser zu errichten und ihre Familien zu erhalten. Ich habe gewusst, dass ich nach diesen Wochen der „Ferialpraxis" eifriger studieren musste als je zuvor, um andere Perspektiven zu haben.

Der Tag endete immer mit flachsigen Bemerkungen am Waschbecken, wenn man mit Schichtseife den ärgsten Dreck von den Händen wusch, und vor dem Spind, in dem der Arbeitsmantel bis zum nächsten Tag untergebracht wurde. Dann hinaus in die Glut des Nachmittags in den Bus. Heimfahrt mit denen, die mit einem durch den Tag gestöhnt hatten, Sehnsucht nach etwas Kühle des Abends und nach Ruhe. Ruhe und Schlaf, um die Kraft zu haben für den nächsten Tag. Die Heimfahrt mit Menschen, von deren Schicksal in den Geschäften, Gaststätten und Büros keiner etwas ahnte, Heimfahrt mit ein paar wirklichen Helden des Alltags, die ohne zu klagen und viel darüber zu reden im wahrsten Sinn mit der Kraft ihrer Hände und unter Bedingungen, die man sich heute nicht mehr vorstellen kann, mitgeholfen haben, dieses Land aufzubauen. Ich war nur ein paar Wochen bei ihnen als Ferialpraktikant, aber sie haben mich gelehrt, das Wort vom „kleinen Mann" abzulehnen und jene Zyniker zu hassen, die verächtlich von anderen reden und sich selber ungeheuer bedeutend vorkommen. Meine Achtung ist seit damals bei jenen, die Trott, Schinderei und Missachtung ein Leben lang ertragen und deren einziger Auftritt in der Öffentlichkeit oft ihre Parte ist, wenn die Last des Alltags für immer von ihren Schultern genommen wird.

Der **Steirerhof**

Mit einem Mal begriff ich durch eigene Erfahrung, was Albert Camus gemeint hatte, als er beschrieb, wie das Absurde die Menschen „anspringt". Es war an einem Oktobersonntag des Jahres 1991, als ich mit dem Fahrrad meine zur lieben Gewohnheit gewordene Runde durch Graz machte, durch die fast menschenleeren sonntäglichen Gassen der Stadt. Wie immer nahm ich den Weg über den Geidorfplatz, fuhr den Radweg am Stadtpark entlang, bog bei der Elisabethstraße nach rechts ein und radelte munter an der Oper vorbei. Eigentlich wollte ich schon wie gewohnt beim Opernpavillon nach rechts in Richtung Herrengasse abbiegen, als mich irgendetwas umstimmte und bewegte, nach längerer Zeit wieder einmal auf den Jakominiplatz zu schauen.

Ich bog ab, fuhr an der kleinen Büste Kaiser Josefs II. vorbei, dann am Dorotheum und schließlich hinaus auf den Platz. Als ich nach links schaute, konnte ich nur mit Mühe einen Sturz vermeiden, anhalten und im wahrsten Sinne des Wortes sprachlos in Richtung

Steirerhof schauen oder besser gesagt in die Richtung, wo der Steirerhof einmal gestanden war. Was ich erblickte, war ein riesiger Berg Schutt, auf dessen „Gipfel" wie ein Monument der Zerstörung ein Caterpillar stand. Der alte geliebte Steirerhof war schlicht und einfach weg. Mit ihm ein Stück der Stadt und für mich persönlich, wie wahrscheinlich für viele andere, ein Gebäude, das die vielfältigsten persönlichen Erinnerungen trug. War doch diese gastliche Stätte mit einem Spiegelsaal, dem Bierstüberl, der Weinstube, dem Bunker, seinem Wintergarten, dem Gastgarten, in dem es sich unter Kastanien so gemütlich saß und in dem die Kellner auf dem knirschenden Kies schon von Weitem zu hören waren, und mit der berühmten Frau Helene in der Bar für die ganz späten Stunden Anlaufstelle in Augenblicken der Freude, der Niedergeschlagenheit und des Bedürfnisses zur Erholung und Labung. Das alles war nicht mehr, und auch die stilvoll eingerichteten Zimmer, in denen viele Große der Welt und Hunderttausende zufriedene Gäste aus allen Himmelsrichtungen genächtigt hatten, durch Jahrzehnte betreut von der umsichtigen und geradezu fanatisch um das Wohl jeden Gastes bemühten Familie Leb, allen voran Kommerzialrat Thilde, einer Institution der steirischen Gastronomie, die noch erleben musste, wie ihr Lebenswerk von der Spitzhacke und den Vernichtungsmaschinen dem Erdboden gleichgemacht wurde.

Über den Schutthaufen hinweg sah man auf die Rückseite des Hauses Reitschulgasse 3, die man bisher noch nicht gekannt hatte und wo im zweiten Stock große Bauernführer wie Josef Wallner, Ferdinand Prirsch, Simon Koiner, Josef Riegler und Erich Pöltl die Grundkonzepte für die gedeihliche Entwicklung des steirischen Bauernstandes erarbeitet und oft auch erstritten haben.

Lange stand ich da und starrte auf Geröll und Mauerreste, auf den Bauzaun, hinter dem sich bald die Baumaschinen in Bewegung setzen würden, um das Projekt des Wiener Architekten Adolf Krischanetz zu verwirklichen und leider nicht das architektonisch interessantere des Steirers Klaus Kada. Schon am 21. September 1993 sollte die Errichtung des „neuen Steirerhofs" fertig sein und damit der bauliche Eckpfeiler der gründlichen Umgestaltung des Jakominiplatzes in seine heutige Form als „Platz der gelben Stängel", umgeben von einem traurigen Mischmasch von Bauten der verschiedensten Stilrichtungen, unter denen das alte Postgebäude an der Südseite des Platzes hervorsticht. In ihm war durch viele Jahrzehnte

die Bezirkshauptmannschaft Graz-Umgebung untergebracht.

Ich stand da und suchte mit Phantasie unter dem
Berg vor mir nach dem Spiegelsaal, in dem ich 1957
bei meinem Maturakränzchen verzweifelt mit den Tü-
cken des Linkswalzers gekämpft hatte, auf den der
bekannteste Tanzlehrer der Stadt, Major Mirkowitsch,
bestand. Ich hörte den Nachhall des Lachens von
Landeshauptmann Josef Krainer, das man immer am
Montag hören konnte, wenn er nach der Regierungs-
sitzung in der „Loge" neben dem Bierstüberl, zu der
nur wenige ausgewählte Gäste der Frau Kommerzialrat Zutritt hatten, mit Freunden beisammensaß, um
zu diskutieren oder manchmal auch einen Schnapser
zu riskieren. An anderen Tagen hatte hier der bedeutende Röntgenologe Univ.-Prof. Dr. Anton Leb mit
seinen Freunden Kommerzialrat Scheiner und Kommerzialrat Hofstätter seinen Stammtisch.

Da war sie auch wieder, die Runde der Schauspieler
um Gerti Pall mit Alfred Reiterer, Luis Ries, Peter
Danzeisen, Else Ludwig, Frank Hoffmann und manchmal Hansi Gaschler mitten in der Bierstube, und da
war die Nacht mit meinem Vater und unserem seiner-
zeitigen Geschichtsprofessor am Gymnasium, Univ.-

Prof. DDr. Hermann Ibler, und mit dem großen Ernst Jünger im Jahr 1961, die nach einer Lesung in Eggenberg und einem Backhendlessen beim Kirchenwirt in Mariatrost im „Bunker" geendet hatte; da war die Erinnerung an so manchen Polterabend von Freunden, die Tafel bei der eigenen Hochzeit im März 1965, bei der der Ober Fredi Schreibmeier wie ein Dirigent den Takt angab und – ich sehe es wie heute – helfend beisprang, als sich Schwiegervater und Vater gleichzeitig im weißen Brautschleier verfingen. Da waren viele Promotions- und große Geburtstagsfeiern im Spiegelsaal, lange Gespräche in der Bar mit Verlegern, Geschäftsleuten und Künstlern. Erinnerungen tauchten auf an den Herrn Neuböck, der die Speisekarte der Woche immer am Revers seines Fracks trug und der grundsätzlich das servierte, was er empfohlen hatte, den Herrn Stoisser mit seinem roten freundlichen Gesicht, mit dem Serviertuch wachelnd und die Lehrbuben durch die Gegend scheuchend, und zu guter Letzt den behäbigen Roman Hoffmann, zu Direktorswürden aufgestiegen und durch den Wintergarten eilend, um rasch die Gäste bei einer großen Pressekonferenz zufriedenzustellen.

So schien der Schuttberg auf einmal wie weggezaubert, und vor dem geistigen Auge standen Legionen von Köchen, Kellnern, Stubenmädchen und Portieren, Thilde Leb mit ihren tüchtigen Töchtern Irmi und Inge, umringt von einer Unzahl von Gästen aus aller Welt. Keinem von ihnen war eine Spur von Fröhlichkeit anzumerken. Schließlich lag ein Stück steirischer Gastronomiegeschichte ausradiert vor allen. Der Steirerhof und mit ihm ein Stück steirische Kultur war auf dem Boden zerstört. Die traurige Wirklichkeit war ein Haufen Schutt mit einem Caterpillar als Bekrönung.

Johannes Koren wurde am 1. Mai 1939 als Sohn des späteren Universitätsprofessors und Kulturlandesrates der Steiermark, Hanns Koren, und seiner Frau Ilse geboren.

Ab 1963 war er Redakteur bei der Südost-Tagespost, 1965 wechselte er in die Presseabteilung der Handelskammer, deren Leiter er bald wurde und die er zur Abteilung für „Medien und Kultur" ausbaute.

Neben seiner Tätigkeit in der Wirtschaftskammer ab 1968 Mitherausgeber der „Steirischen Berichte" war er von 1978 bis 1995 Kulturberater der Landeshauptleute Friedrich Niederl und Dr. Josef Krainer und einige Jahre Generalsekretär des „Österreichischen Kulturgespräches".

Als Publizist hat Dr. Johannes Koren wesentlich die Literatur über Graz und die Steiermark bereichert.

Werke (Auswahl)

Graz – Funkelnder Talisman, Zsolnay Verlag, Wien 1977.

Österreich aus der Luft, mit Lothar Beckel, Pinguin Verlag, Innsbruck 1989.

Graz – Rendezvous mit einer Stadt, mit Christian Jungwirth, Steirische Verlagsgesellschaft, Graz 1994.

Die Mur – Lebensweg eines Flusses, mit Ferdinand Neumüller, Steirische Verlagsgesellschaft, Graz 1999.

Graz, Bildband mit Christian Jungwirth, Steirische Verlagsgesellschaft, Graz 2001 und Neuausgabe 2006.

Skizze von Graz, Steirische Verlagsgesellschaft, Graz 2001.

Unbekanntes Graz, Steirische Verlagsgesellschaft, 3. Auflage, Graz 2005.

Begegnungen, Steirische Verlagsgesellschaft, Graz 2004.

Der Grazer Schloßberg und seine Geheimnisse, Steirische Verlagsgesellschaft, Graz 2008.

Steiermark, Bildband mit Christian Jungwirth, Steirische Verlagsgesellschaft, 4. Auflage, Graz 2016.

Auszeichnungen und Ehrungen (Auswahl)

Österreichischer Staatspreis für journalistische
Leistungen im Interesse der Jugend, 1964

Große Goldene Erzherzog-Johann-Medaille, 1995

Ehrenring der Theologischen Fakultät der
Universität Graz, 1999

Josef-Krainer-Preis, 2004

Verleihung des Titels Professor durch den Bundes-
präsidenten, 2004